Souvenirs quantiques

Magali Magdara et le collectif Miriadan

Souvenirs quantiques

Une perspective de

Qui Nous Sommes

© Magali Magdara,
Auto-édition - 56330 Pluvigner, France
dépôt légal novembre 2017

https://www.magalimagdara.fr

ISBN: 978-2-9562772-0-0

SOMMAIRE

Préambule

Ce livre présente des concepts d'après ma compréhension qui ne peut qu'être partielle puisque liée à Qui Je Suis Ici et Maintenant. Au moment où vous le lirez, il est possible que ces explications soient complétées, modifiées ou invalidées sur le blog de Miriadan.

L'objectif de cet écrit n'est aucunement de vous convaincre de quoi que ce soit, car il n'existe que des vérités propres à notre entendement personnel. Le but principal est de vous ramener vers vous, de faire résonner vos vérités intimes.

Prenez ce livre comme un outil de positionnement, de rappel à vos souvenirs. Gardez ce qui vous nourrit, oubliez ce qui ne vous concerne pas pour l'instant.

Je suis une transmettrice, c'est-à-dire que je soigne et canalise en étant l'intermédiaire de votre âme ou de tout être avec qui je suis compatible vibratoirement.

Je reçois les écrits du collectif Miriadan depuis 1999. Chaque message m'a fait grandir, me regarder en profondeur. Ils ont pleinement participé au développement des compétences de guérison et de communication que je choisis de partager avec grand plaisir lors de séances individuelles ou collectives.

Qui est ce collectif ? Un groupe d'entités multiverselles qui prennent place dans ce Mouvement qu'est l'Ascension pour y apporter des clés. Ils espèrent ainsi nous aider à nous rapprocher de nous-mêmes et à nous adapter à notre évolution, à intégrer la Joie.

Ce groupe est ouvert à toute énergie compatible avec la mienne, sans restriction. Et je suis en totale confiance puisque ces échanges se font sous la guidance de mon âme.

Certains messages du collectif sont anciens, limités à ma compréhension et mes croyances d'alors. Aussi suis-je amenée à les compléter ou les réviser aujourd'hui dans ce livre. Quelques-uns proviennent de ma Présence (ou Être), c'est pourquoi vous ne les verrez pas entre guillemets.
Vous trouverez par-ci par-là des mots qui ne se trouvent pas dans notre dictionnaire. Cela est volontaire de leur part. Écoutez simplement la musicalité qui s'en dégage. Je vous souhaite une bonne lecture.

Souvenirs quantiques

Souvenirs quantiques

I.   L'UN

1.   La Source

Message de Miriadan :

« Notre origine commune est l'Un. Nous sommes tous et tout issus du Feu Vibral Primaire, qui contient tout ce qui est et qui n'est pas, toutes les potentialités d'expression et de Silence.

A l'origine est un Feu Primaire. Et ce Feu Primaire, l'Un, est Amour. Amour pour toute émanation de sa Vibration. Et tout comme un(e) père/mère chérit ses enfants, l'Un souhaite que grandissent ses enfants. Qu'ils deviennent adultes, autonomes, Un.

A l'origine est un Feu Vibral. Et ce Feu Vibral appelle à la Justice. Cette Justice requiert que tous ceux qui le désirent évoluent jusqu'à devenir l'égal du Père/Mère, un pair.
Déjà, plusieurs de ses émanations sont parvenus à vibrer l'Unité Première, tout en restant au sein du Père/Mère. Et lorsque cela se produit, par Amour pour ce qu'ils expriment, par reconnaissance

fréquentielle et vibratoire, ils se sont joints à l'Intégrité du Père/Mère.

Et le Feu Vibral Primaire s'est enrichi de ses Pairs. La Conscience de l'Origine a accueilli les Consciences évoluées. Et le Feu Vibral s'est transformé, uni et expansé dans ses gammes de création.

A l'origine est un Feu Vibral. Il est Permanence car nous contient en tout. Et il nous demande de nous sublimer, de nous transsubstantiationner afin de devenir l'Un en devenir que nous sommes chacun. Car chaque fusion en son sein apporte l'illumination dans le cœur de toute la création, que ce soit de la Vie ou de la Non-Vie. »

L'Un est Amour. Tel est mon ressenti personnel. Je parle de ressenti car le mental ou notre imagination ne peuvent saisir cette vague pleine d'un Tout qui n'a ni genre, sexe ou limite et, pourtant, qui nous plonge dans un Vide empli de potentialités réjouissantes. Chaque mot utilisé reste éloigné d'un début de définition. Mais nous sommes dans un monde où la communication passe par un vocable, aussi voici une approche reçue par Miriadan sur ce que l'Amour exprime dans les tréfonds de notre cœur :

« L'Amour est sans appel. L'Amour est sans limites, sans frontières, sans barrières.

L'Amour est un sentiment au-delà de toutes définitions. Il est Un et toute humilité. L'Amour vous porte sur son harmonique dans les dimensions de l'harmonie et de la complétude. Il vous entraîne vers des contrées lointaines au cœur de votre Centre, en Vous.

Il est Essence de l'Un et pourtant il redéfinit sans cesse son appartenance. Car l'Amour est Liberté. Il est étrangeté par sa transparence et son indéfinissabilité. Il est ce que vous connaissez de mieux dans l'Oubli et le Partage.

L'Amour est une porte. Elle reste ouverte à l'Infini et accueille sans critères. Elle manie la Compassion et la Justice en se laissant traverser par les Vents des Envies.

L'Amour est un parfum. Il s'inscrit en Vous sous bien des formes et se dessine dans votre mémoire par touche délicate et tendre. Intemporel, il participe à votre quête de trésors et se découvre à Vous comme le Graal de votre vie.

L'Amour est votre lignée. Elle vous décrit dans sa perfection et vous entoure de bienveillance. Elle vous redonne votre appartenance et vous renvoie vers vos racines.

L'Amour est votre étincelle. Elle est semence d'Évidence dans votre danse de Gratitude. Elle enflamme vos potentiels et fusionne en une gerbe de Joie dans la Création et l'Inconnu.

L'Amour est votre raison, vos explications, votre questionnement, votre abandon. L'Amour vous appelle vers le miroir de votre Humanité où vous apercevrez votre visage d'Éternité.

L'Amour est la trame des toiles dans la Création, le Verbe divin et le support de nos indépendances.

La Connaissance est de l'Amour condensé. La Justice est de l'Amour magnifié. La Sagesse est de l'Amour identifié.

Enfoncez-vous dans votre Déesse-Terre. Envolez-vous dans l'espace de la Fraternité. Vous y retrouverez l'Amour dans son Intensité. »

4

A partir de là, que pouvons-nous comprendre de notre Source ? Peut-être que nous sommes un paradoxe magnifique. Car qui souhaite comprendre l'Un part en quête de lui-même, et trouvera finalement son propre reflet en réponse à sa question. Par Amour pour lui/elle, et par Amour pour nous, l'Un a désiré nous faire profiter de toutes ses Beautés et Magnificences, que l'acte de donner signifie celui de recevoir.

Nous sommes l'Un. Nous représentons son hologramme parfait propulsé dans sa matière, disposant de l'intégralité de ce qu'il/elle est. Car l'Un ne peut se fragmenter au sens d'une perte d'une partie de lui/elle. L'Amour est tel qu'il participe à recréer la Beauté de l'Un en chaque élément émis hors de son Feu Primaire. Car l'Amour est sans partage, inconditionnel.

Et quel est l'intérêt pour l'Un et pour nous de nous individualiser en son sein ? Expérimenter chacune de ses facettes, lui transmettre un écho de ce qu'il/elle est, conscientiser toutes ses possibilités d'expression et d'évolution. Alors, nous choisissons de nous spécialiser dans cet orchestre qu'est la Création afin que la multitude puisse jouer sur toutes les cordes des nombreux instruments disponibles. Nous nous positionnons volontairement sur un accord partiel jusqu'à en devenir un virtuose, puis passons au suivant. Ce qui implique d'oublier notre intégrité le temps d'un tempo et d'accepter que nous ne savons rien, que l'ignorance est une voie humble pour mieux revenir à notre Source.

Miriadan, compréhension de JE :

« A ceux qui veulent bien l'entendre, je leur dirais : votre univers n'est qu'un enfant. Il apprend progressivement à s'animer et à se développer. Vous êtes au B A-BA de votre expansion. Vous atteignez à peine le C.

A ceux qui veulent bien l'entendre, je soulignerais : Vous êtes un regard parmi tant d'autres. Bien des cosmos ont déjà pris leur envol vers l'alliance de leur union. Car il est prévu que chaque partie de l'Un fusionne avec sa contrepartie, qu'elle soit de l'antimatière ou de la Non-Vie. L'antimatière n'est pas la Non-Vie. L'antimatière est le socle de la matière, le côté caché de la Lune pour votre Terre. Toute vie est attirée par la non-vie. Et ensuite viendra ce que vous découvrirez lorsque vous serez unis.

A ceux qui veulent bien l'entendre, je confierais : Vous êtes Amour. L'Un est Amour, et l'Un a sa contrepartie. Ce que vous vibrez est partiel. Ce que vous comprenez est modéré. L'Un contient le Tout, contient le Vide, contient l'Absolu. Et c'est pourquoi il repose dans une ellipse sous forme d'infini. Ne soyez pas inquiets, ne soyez pas désolés. Cela augure pour l'Un, pour Tous et Tout une continuité dans l'Illimité.

Et à ceux qui rejettent l'idée que l'Un puisse n'être pas la finalité, je rassurerais : Vous êtes protégés, vous êtes aimés, vous êtes bercés dans son harmonie étoilée. Vous n'avez qu'à oublier, lorsque vous serez prêts, vous baignerez dans sa note enchantée.
Nous sommes un Tout. Lorsque le Je est employé, la parole est l'union des multiples.
A ceux qui sont prêts à ouvrir leur esprit, je bénirais leur courage et leur volonté d'aller au-delà des limites. Je leur rappellerais qu'ils sont aventuriers et explorateurs du potentiel divin. Et que toute création et non-création, destruction et non-destruction n'est qu'un fluide d'énergie qui repose sur un concept : Expansion. Modification. Evolution. Changement. »

Comment pouvons-nous expérimenter les facettes de l'Un à travers sa Création ? Par le ressenti.

L'Un a désiré se contempler en profondeur, conscientiser chacune de ses parties dans tous les degrés de ce que notre vocabulaire appelle émotion et sentiment. Cela va bien au-delà de la vibration, car l'Un se déploie dans de nombreux plans qui sont étrangers à la vibration. La Création est vaste et diversifiée. L'Un est perçu comme notre Unique, mais est-ce à dire qu'il/elle est seul(e) ? Cela nous renvoie à notre projection émotionnelle, notre vision limitée de la vie. Nous reprenons une juste place quand nous nous alignons avec son Amour inconditionnel. En faisant cela, nous imprimons qu'il ne peut y avoir de préférences, de hiérarchies de valeurs, de privilèges. Un grain de sable a droit au même respect et amour de la part de l'Un, à la même attention, qu'un système solaire ou un être sexué.

Nous partageons tous une recette universelle : le plaisir de ressentir. Selon notre choix de forme ou de dimension, nous ramenons une expérience différente, unique. Mais nous exprimons tous un regard de l'Un.

Message de Miriadan :

« La raison profonde de votre existence sur toute planète des multivers est le plaisir. Bien sûr, vous avez choisi à chaque incarnation d'exploiter un don précis afin d'apporter votre contribution à l'évolution et au bien-être de votre espèce.
Mais posez-vous un instant et méditez : quel est cet ingrédient qui vous pousse à continuer ? Le plaisir de ressentir.

Le plaisir est la clé de toute expérience. Cela peut vous faire froncer les sourcils, lever les yeux au ciel (vers nous) et vous faire dire : " Ouh la ! encore des phrases qui ne veulent rien dire ! " Nous allons nous expliquer.

Votre existence peut vous paraître lourde, insignifiante ou " nébuleuse ", sans connaissance profonde de votre but sur Terre. Vous vivez dans un modèle imposé qui limite votre conscience de la réalité de groupe. Votre individualité est une richesse, et participer à un mouvement de groupe avec un but commun transcende les limites de vos possibilités.

Vous faites des efforts afin de vivre au moment présent, afin de participer à votre incarnation. Cela est magnifique. Et pourtant, vous avez le sentiment de ne pas évoluer comme vous le devriez. Pourquoi ? Attardez-vous sur vos paroles, vos pensées et vos réactions quotidiennes. Pouvez-vous dire que vous avez eu des mots joyeux et des actions et réactions spontanées en accord avec le bonheur de vivre ? Quelle est l'émotion qui domine votre journée ? La colère, le ressentiment, la méfiance, la peur ? Ou bien la joie, le remerciement, l'amusement innocent ?

Vous êtes sans cesse bombardés par des informations contradictoires et sombres : viol, attaques, mort, disparition, etc. Éloignez-vous de cela. Votre planète n'est nullement dominée par la tristesse et la méchanceté consciente. Bien au contraire. Il vous suffit de limiter le temps que vous attribuez à écouter les nouvelles diffusées par vos médias pour que votre vie se transforme.

Vous n'êtes pas coupable de ce qui se passe autour de vous ! Vous contribuez, il est vrai, à l'évolution de la planète. Et c'est pourquoi vous avez le droit divin d'être heureux et joyeux chaque jour. Le libre-arbitre est là pour que vous appreniez. Si une entité accepte d'expérimenter la douleur, nul jugement ne peut être apposé sur son évolution car seule l'entité connaît les raisons profondes de cela.

Ouvrez vos sens. Les animaux sont des créatures de joie, les plantes et minéraux scintillent de bonheur. L'air est empli de sourires. Oui, un animal mange des plantes ou d'autres animaux. Devez-vous pour autant le condamner ? Il s'agit d'un plan divin où chacun a sa place et son fonctionnement. Et vous aussi. Aujourd'hui, nous voyons que vous restez éloignés de votre joie innée, naturelle et divine.

Retrouvez votre sourire et votre vie se transformera progressivement.

Joie, bonheur, sourire, allégresse et temps présent. Changez votre regard et vos pensées et la vie vous prendra dans ses bras avec toute la tendresse maternelle que vous méritez. »

L'Un est Joie. Il s'agit bien du leitmotiv à retenir, même si notre relativité émotionnelle nous démontre le contraire. Et c'est là le Paradoxe divin de la Vie : tout ce qui nous éloigne de notre Source nous pousse à y revenir. Nous ne nous satisfaisons pas de notre partialité, nous continuons avec l'espoir chevillé au corps de vibrer enfin sur la fréquence de notre amour, là où nous trouvons la satiété. Aussi la Création nous fournit-elle les contextes nécessaires à notre quête. Le Paradoxe divin est le fondement de l'expérience. Nous recherchons à combler un vide justement parce que nous le ressentons. Nous activons notre potentiel à partir de la souffrance de la séparation dans notre dimension. Nous sommes dans la Résilience. Et celle-ci ne s'obtient qu'avec courage et foi en nous.

Nous sommes généreux envers nous. Nous nous soumettons des épreuves uniquement si nous disposons déjà de la solution. Nous nous offrons des tests afin de prendre conscience où nous en sommes sur le baromètre de notre confiance personnelle. Nous pouvons croire en Dieu, les anges ou le Diable et les démons, lorsque nous sommes placés dans une situation qui nous déstabilise ou nous bouleverse, nous nous retrouvons seul avec notre émotion. Elle nous parle d'un changement à accueillir, d'une ouverture d'esprit prochaine pour retrouver la paix en nous. Quel que soit notre positionnement intérieur (victime, bourreau, sauveur ou créateur), nous avançons irrésistiblement vers notre liberté, nous recouvrons notre droit à la Joie.

2.   La Création

Nous ne sommes pas à l'origine de la Création, il y a eu avant nous une expression que nous pouvons qualifier de non-vibration. Il est difficile de la définir car notre entendement puise dans ce que nous connaissons. Mais un début d'explication se dessine grâce à la définition de ce que nous sommes, la vibration.

La vibration est un mouvement d'aller-retour ayant pour unique objectif l'évolution. Le point de départ est notre Centre, élément vibral. Vibral car qui contient déjà le Tout : tout comme l'Un, dont nous sommes les hologrammes, nous détenons ses compétences puisqu'il/elle ne se sépare pas mais se duplique. Et une de ses compétences est la focalisation de la Conscience, ce qui lui permet de se poser en une forme, une expression particulière qui va lui servir de transmetteur-récepteur.

Cette forme focalisée dans le Jeu de la vibration prend conscience de sa place et de son rôle grâce à l'observation puis la compréhension par le ressenti. Aussi, utilise-t-elle l'environnement comme une série de miroirs. L'extérieur lui présente le reflet de son activité intérieure et de Qui Elle Est selon la conscience qu'elle a d'elle-même, et lui offre ainsi une possibilité d'élargir sa perception pour la rapprocher de sa Beauté au potentiel endormi.

La non-vibration est son inverse. Le point vibral reçoit directement de son Centre, de son Essence. En quelque sorte, la vibration reste canalisée dans un champ interne, boucle en spirale qui se nourrit d'elle-même. L'énergie évolutive le propulse de l'intérieur, aussi l'extérieur est-il récepteur du résultat et non outil de changement. Ces domaines de non-vibration (qui n'ont rien à voir avec l'antimatière ou la non-matière) occupent une place importante dans la Création. Les êtres qui y vivent ont déjà expérimenté une grande partie de leurs potentialités car présents bien avant nous.

Afin de développer le miroir de ce que l'Un Est et ouvrir de nouvelles voies à ses enfants de non-vibration, il/elle nous a extraits, fait grandir puis, quand nous étions prêts, mis en contact. Après des échanges quoi que joyeux mais laborieux sans bases réciproques, un langage a simplifié la communication en s'appuyant sur les flux d'énergie communs aux deux domaines (les tachyons). Ce rapprochement inaugure l'apparition d'une nouvelle forme d'expression en l'Un, mixage de nos deux domaines et, ainsi, d'innovantes découvertes sur les principes de la Création.

II. LES ÉLÉMENTS PRIMORDIAUX ET LES JOUEURS

Les éléments primordiaux

Sur quoi la Création s'appuie-t-elle pour conserver une forme, un mouvement et une direction ? Plusieurs éléments dits « primordiaux » ressortent à ce stade de notre compréhension : la Conscience, la Géométrie sacrée, le Son divin, le Plasma, les tachyons (que j'ai cité précédemment en tant que pont entre les mondes de vibration et non-vibration). Et c'est ce que je vais essayer d'expliquer d'après ma compréhension actuelle.

1.   La Conscience

Comme tout élément de l'Un, nous sommes des extractions fidèles de ce qu'il/elle est, son hologramme parfait. Notre origine est son Amour inconditionnel qui a explosé de Plaisir et nous a créés. Nous ne pouvons rêver mieux comme contexte pour répondre à son désir, son envie de faire miroiter chaque surface, angle et rotondité de sa composition. Nous sommes tous, êtres humains, stellaires, objets et choses, matière, antimatière et non-matière, faits de son Amour et de son envie. La Vie est l'outil de l'Amour, la Création en est sa manifestation. Et parce que cet Amour est entier, plein, toute étincelle et élément vibratoire ou non-vibratoire disposent d'une Conscience, de la particule de poussière dans l'espace à l'être multiversel.

Une Conscience est cette intelligence qui détermine le champ d'action de l'Être dans son environnement. Elle balise notre avancée dans une perspective à la fois individuelle et collective. Point d'appui à partir duquel nous prenons acte des cadres qui nous entourent, elle est l'apanage de la multiplicité : elle allie plusieurs rôles qui se complètent harmonieusement et relient plusieurs domaines d'expression.

Ainsi, elle est notre boussole dans la carte de la Création. Elle est connectée aux nombreux chemins possibles qui nous ramènent à l'Un et nous met en cohérence avec l'ensemble.

De même, elle est la Clé de la Connaissance. En lien avec l'âme, elle donne accès en justesse aux informations qui peuvent nous aider à évoluer, où que ce soit.

Enfin, elle alimente notre évolution avec l'Envie. Concrètement (si l'on peut dire), toute réalisation trouve son origine dans une envie : envie d'Être, de changer, de communiquer, de créer, de partir, etc. Point de départ d'un mouvement, l'envie est acheminée vers l'Intention, idée qui commence à prendre une forme sans en avoir encore les détails. Ce plan précis, la Volonté en rassemble les éléments, puis canalise les forces disponibles pour que l'action de création pénètre les dimensions. Enfin, la Confiance attire les synchronicités qui dessinent progressivement le chemin de l'accomplissement.

La Conscience est une coordinatrice merveilleuse, un chef d'orchestre qui aide l'ensemble à s'unir en syntonie, créer une osmose propice à la consécration d'un objectif, en Justesse.

Il existe différentes sortes de Conscience, toutes au Service de l'Un et de la Création. Nous pouvons même dire que Tout est Conscience puisque Tout a droit à l'évolution, et donc a accès à l'intégralité de la Connaissance en tant qu'hologramme intègre de l'Un. Nous allons vers le détail pour mieux revenir au général, passer du microcosme vers le macrocosme.

Nous saisissons les Consciences « individuelles », même si cela fait appel finalement à plusieurs partenaires pour entrer dans la matière. Et il y a les Consciences « collectives », de groupe. Lorsque plusieurs éléments ou êtres se rassemblent dans une même Envie, sous une bannière commune, il en ressort un égrégore unique d'où émerge une Conscience communautaire, somme de toutes les consciences réunies, qui devient la voix unanime au service de son ensemble. C'est ce que nous contactons par exemple lorsque nous communiquons avec des éléments minéraux, végétaux, animaux ou éthériques, ou qu'un contact se fait avec des forces du macrocosme tels les multivers.

A quoi sert-elle cette Conscience individuelle et collective ? A définir ce que nous sommes, par degrés, nous donner une identité et poser notre attention sur notre impact dans la Création. Elle nous permet de diriger notre évolution, notre retour à la Source. Il est vrai que, dit comme ça, cela fait douter de sa propre perfection. Après tout, si nous sommes parfaits, nous n'avons pas besoin d'évoluer, n'est-ce pas ?

Dans l'Absolu, nous n'évoluons pas au sens propre, nous redécouvrons notre perfection. La Beauté de la Vie fait que nous expérimentons de façon partielle, niveau après niveau, afin de savourer chaque détail qui nous entoure, de nous émerveiller de notre Perfection, de nous emplir de Gratitude. Si notre Point Vibral est relié à l'Ineffable, que nous baignons dans notre Essence, le Jeu de l'Un nous pousse à oublier le Tout pour redéfinir le sens du mot Plaisir en nous-mêmes et par nous-mêmes, de le faire croître dans notre substance.

De même, nous sommes à la fois toujours dans le cœur de l'Un, Point Vibral, tout en étant propulsés dans son Jeu, duplication vibratoire reliée par un cordon invisible et souple. Le Point Vibral est cet organe majeur qui valide le parcours de sa duplication vibratoire (nous), tout en étant le protecteur de son libre-arbitre. Nous partons dans un cycle d'apprentissage par les leçons pour nous rapprocher de notre état primaire. C'est ce désir d'Être qui nous dévoile notre capacité à évoluer, nous pousse à apprendre, intégrer, maîtriser, jusqu'à transcender notre état dans la relativité des dimensions. Nous cheminons à prendre conscience de notre Absolu.

La Conscience est l'observation, l'acceptation puis l'élargissement de notre définition intime de Qui Nous Sommes, et Vers Qui Nous Tendons à Être. Elle fait ressortir notre délimitation illusoire en nous ramenant nos filtres et croyances, et ouvre des brèches d'illumination en notre esprit. Elle tend à satisfaire notre soif de nous-mêmes en distillant avec Justesse les informations sur notre Essence, en douceur. Sans elle, nous ne pourrions nous positionner, que ce soit dans la dualité ou l'unité. Elle est le garant du sens de la Vie, de notre vie.

2.   La Géométrie sacrée

Message de Miriadan :

« Nous vous parlons bien souvent de la géométrie sacrée dans votre environnement. Elle conditionne votre forme, les potentialités et les fluides qui se déroulent en votre canal cristallin.

La géométrie sacrée vous représente, concrètement. Vous observez votre corps avec vos yeux de chair et ne voyez que des membres ou formes qui s'articulent autour d'un tronc et d'une tête. Même avec votre regard spirituel, vous ne percevez qu'un jeu d'énergie en interaction dans des flux de couleurs magnifiques.

Vous êtes en réalité un point iridescent d'où partent des vecteurs, des directions qui se rejoignent pour former une figure géométrique parfaite à 144 directions. Cette figure multidimensionnelle comporte deux pôles (que vous pouvez visualiser comme le "positif" ou le "négatif" par exemple), chacun exprimant 72 miroirs. Cet ensemble prend sa source en Vous, point vibratoire duquel émanent ces 144 regards. Et cette cohérence est en résonance avec les 12 Vertus ou Compétences de l'Un, ses 12

Lois qui nourrissent l'évolution de tout élément de sa Création.

Vous êtes un pont en reliance avec votre Essence primordiale : l'Un. Par Vous, le Souffle de l'Un communique avec la Création en un mouvement perpétuel : pulsion (ou émission de la Source) - Vide (ou retenue) - contraction (ou retour à la Source). Ce Vide est votre Centre, votre Soi qui observe ses deux pôles s'exprimer chacun dans une rotation inverse à celle de l'autre pôle. Dans la multidimensionnalité, vous êtes un point relié à deux vortex qui s'attirent en un équilibre parfait pour s'annuler en Vous, le Centre de Tout.

Vous êtes une géométrie divine à 144 expressions. Votre raison d'être est de magnifier chaque miroir de l'Un à travers votre émanation. Ainsi, vous êtes Transparence. En Vous se déploient les 12 Vertus ou Compétences de l'Un. Vous n'êtes pas ces Vertus, vous leur présentez un réceptacle divin afin que leur rayonnement émane sur chaque tétraèdre de votre géométrie. Et pour cela, vous faites appel aux Feux, Flammes et Rayons détenteurs et protecteurs des Vertus de l'Un. Vous leur offrez d'étinceler dans chaque direction des dimensions du Père/Mère que vous représentez.

Votre Être est une construction géométrique multidimensionnelle qui se repose sur 16 degrés ou octaves. Par multidimensionnel, nous faisons appel à une notion de profondeur. Le 1er degré n'est que la prise de conscience de vous-même, puis vous vous sensibilisez aux 12 Compétences de l'Un, ou Lois, qui façonnent la portée de la trinité ou 3. A chaque compréhension d'une Loi, vous activez ou illuminez une face géométrique dans votre expression divine : vous accueillez en vous un Feu, une Flamme ou un Rayon gardien de la Compétence initiée. Lorsque votre fleur de vie présente sa magnificence à tous, s'offrent alors les 3 degrés qui ouvrent la porte de l'ascension vers la portée du 4. Ces degrés unissent la Sainte Trinité, ou encore le Père-la Mère-le Fils / le corps-l'âme-le Soi, en un portail vers une nouvelle expression. Le 144 s'efface pour se fondre amoureusement en une figure à 256 directions.

Quelle que soit la perspective à partir de laquelle vous observez votre amplitude, vous êtes la parfaite émanation en réponse à la Volonté de l'Un de vous offrir Tout ce qu'Il/Elle Est. Vous vous expansez dans un cadre géométrique dans lequel l'Un y inscrit sa symphonie, partition harmonieuse sur l'accord de son Amour. »

La Géométrie sacrée se perçoit facilement grâce aux nombreux dessins que l'on trouve un peu partout. Il s'agit de l'aspect géométrique que prend une forme avec ses vecteurs, segments, angles, courbures. Chaque portion de la Création se place dans la Géométrie sacrée, car elle offre la continuité de la forme que vous avez choisi de prendre, un réceptacle qui sécurise l'amalgame d'énergie que vous êtes. Et cela est valable pour le microcosme, comme pour le macrocosme. Un flocon de neige au microscope révèle un entrelacement en étoile. Notre planète, voie lactée, galaxie, univers, multivers sont également des merveilles de géométrie qui ne s'observent qu'avec une perspective élargie. Et tous sont délimités dans ces 144 regards, car tous font partie d'une même portée, celle de la Trinité (3).

Nous entendons parler de notre Fleur de Vie. Là encore, il est mention de notre Géométrie sacrée.

La Fleur de Vie représente la totalité de notre assemblage géométrique, dont le Centre est notre Point Vibral qui ouvre progressivement sa Conscience à ce qui le compose. Lorsque nous nous incarnons, nous prenons connaissance de notre existence en émettant un champ de rayonnement autour de nous. Cette vibration nous revient lorsqu'elle atteint la première délimitation, nous renseignant sur sa forme, sa taille et les couleurs/substances qui la composent (telle l'écholocation de la chauve-souris). Pour le jeune enfant par exemple, cela correspond à définir sa relation avec ses parents et leur rôle, son habitat et les habitudes déjà en place. Cela étant accompli, nous étendons cet écho à la figure suivante, nous étalant dans la multiplicité des détails, jusqu'à faire scintiller la Fleur de Vie entière, l'Unité.

Souvenirs quantiques

3.   Le Son divin

Le Son divin fait partie de la Création au même titre que la Géométrie sacrée. Il est difficile de parler de l'un sans venir vers l'autre, car chacun s'interpénètre, se fond en l'autre.

Miriadan différencie leur rôle sous ces termes :

« La Géométrie sacrée est une science. Elle s'attache à exprimer la beauté et l'harmonie des formes avec toutes les perspectives que l'être conscient éclaire de son attention. La Géométrie sacrée est la mère des formes, la dessinatrice de ce qui doit être exprimé afin que l'évolution soit possible dans nos univers de vibration. Elle nous offre nos vaisseaux de lumière (de la merkaba à la merkara et au-delà) pour que nous puissions déplacer nos corps énergétiques dans les univers et dimensions.

Le Son divin est sa sœur jumelle. Science également à part entière, le Son transporte les consciences, les âmes dans la Création. Il plonge dans les octaves qui soutiennent les portées et ensemence les vortex et portails afin de générer une ouverture, un passage. Si vous pouviez saisir toutes les gammes de son dans l'univers, vous entendriez une musique céleste, une symphonie propre à cet univers. Car chaque élément de vie émet son Son unique, osmose de plusieurs dimensions qui composent un élément.

La Géométrie et le Son sont les bases de la Création. L'un n'allant pas sans l'autre, l'un contenant l'autre. Lorsque vous vous déplacez dans l'astral et l'univers, vous voyagez à l'intérieur d'une géométrie sonore. S'il vous est utile de répondre à un appel lointain qui nécessite de laisser vos corps énergétiques au repos (vos corps étant en incohérence avec la dimension de destination), votre conscience emprunte la voie du Son qui est lui-même porteur d'une potentialité géométrique. Arrivés à destination, et si cela correspond à ce qui vous est demandé, le Son vous permettra de dessiner une forme en adéquation avec ce monde, car le Son contient la Géométrie tout comme la Géométrie contient le Son.

La Géométrie encode les formes. Le Son y place la conscience. Merveilleuse alchimie qui nous protège et nous élève l'âme vers notre Soi.

Chaque forme dispose de sa conscience. Vos grilles planétaires sont des êtres vivants. Tout est mouvement de Vie.

Et la Vie prend sa source dans les Feux Maîtres, expression de l'Un. En leur sein se distinguent les flammes et les feux qui donnent l'impulsion de création, et qui s'allient aux âmes et aux Sois dans la perspective d'évolution de notre vibration. Et qui prennent forme selon une Géométrie en cohérence avec notre vibration, et qui reçoivent une conscience selon les harmoniques de la musique jouée par l'orchestre que nous sommes dans cet univers.

Car notre façon de ressentir les Lois de l'Un est coordonnée par notre vérité qui est une parmi tant d'autres. Les fondements de notre compréhension sont éphémères, et les sciences restent une approche partielle à remettre constamment en question. Ou plutôt à accueillir librement sans limites ni cadres.

La Vie est passionnante car source de surprises et d'émerveillement, d'élargissement de conscience. Et l'initiateur de tout changement, le magicien aux clés dorées, est chacun d'entre nous. Nous sommes les fondateurs de nos rêves. A nous d'extérioriser nos palais intérieurs, nos prairies étincelantes selon le principe de la Vie : tout est mouvement dans la Liberté. Offrez votre expression, osez vivre tels que vous êtes, donnez votre musicalité géométrique à votre communauté, c'est ainsi que l'abondance et la générosité s'impriment dans les conditions de votre Présent. Soyez libres de suivre votre cœur. Et vous vous expanserez au-delà de votre connu. Vous serez l'artisan de votre prospérité. »

Parce que le Son transporte les consciences, cela implique qu'il est un navigateur sans limites dans notre champ quantique. Aussi apparaît-il également comme un outil précieux dans les thérapies.

Ouvreur de portes, il permet de modifier les programmations des cellules, et par là-même, nous guérir. En utilisant le Son vibratoire, nous pouvons aller chercher la plus belle vision de nous et l'amener dans notre corps, changer notre communication intérieure.

Chacun de nos chakras vibre sur un Son précis, unique. En les reliant par la formation d'une gamme, tous se fondent en un Son particulier, le nôtre, qui écarte les voiles des dimensions pour nous faire toucher du doigt notre magnificence. Vibrer sur notre Son nous apporte le plaisir de vivre dans notre incarnation.

Miriadan le confirme :

« Nous vous avons parlé de la Géométrie sacrée et de sa fonction de dessiner des formes, d'exprimer la Beauté selon les expressions vectorielles des dimensions. Le Plasma offre la "matérialisation", la densification d'une idée, d'un souhait en cohérence avec une Conscience. La Géométrie sacrée dessine les contours et sécurise les formes, le Plasma projette la matière dans la profondeur d'un artefact multidimensionnel.

La Géométrie sacrée est sœur du Son divin. Chacun porte l'autre en soi, intriqués tel le yin et le yang. Car le Son divin transporte les Consciences au sein des formes.

Le Son divin peut être entendu comme la voie/voix de l'Essence. Il est le souffle qui ne connaît aucune limite, aucune barrière. Tout comme les âmes, il est onde vibratoire. Sa fonction est de faire voyager les vibrations, de pénétrer dans chaque fréquence. Il ouvre des couloirs inter-dimensionnels aux Consciences qui souhaitent naviguer entre les mondes.

La Lumière est Géométrie et Son. Et vous êtes Lumière : une Conscience illuminée dans sa forme. C'est pourquoi vous disposez en vous du Son divin.

Votre corps est porteur de vos expériences, qu'elles soient limitatives ou non. Lorsque vous êtes prêts, votre corps vous transmet des signaux afin de regarder, embrasser, transcender vos souffrances et vos peurs. Pour cela, vous disposez entre autres de la méthode de l'enfant intérieur, par lequel vous posez votre attention aimante et compatissante en vous. Et vous avez également le Son guérisseur.

Au sein même de vos cellules vibre une gamme de sons en lien direct avec vos chakras. Cet ensemble s'harmonise en un son unique, personnel et inaliénable : le chant de votre âme. Cette gamme de sons vous est propre car transposée selon Qui Vous Êtes. Votre corps en est le chef d'orchestre, celui qui fait résonner chaque instrument de musique ou chakra lorsque cela est Juste pour vous.

Le Son divin est le diffuseur de Vérité. Il ouvre les cellules cloisonnées par la souffrance et la peur afin d'y apposer la tendresse issue de votre cœur. Si vous laissez votre corps vous guider dans l'expression de vos notes intimes, vous y trouverez Rectitude et Amour. Vous serez Lumière incarnée en Transparence.

Osez émettre vos notes par votre voix, puis laisser la vibration vous emplir dans le Silence. Et lorsque vous plongerez dans le lâcher-prise, que vous suivrez librement la voie de votre liberté, vous nous entendrez chanter joyeusement avec vous, partageant votre extase d'Être Un. »

Aucun être n'aura la même harmonique. Lorsque vous utilisez votre Son, vous parlez à cette partie de Vous qui s'inspire de la plus belle vision de votre Être, et qui n'attend que votre attention. Le Son est votre canal d'alignement le plus direct qui soit puisqu'il fait rayonner votre Géométrie sacrée en Conscience, votre Fleur de Vie. Et il existe sous de nombreuses fréquences, telle que le Silence.

Un Silence sera ce que vous en faites. Espace de solitude ou de gêne si vos émotions-souffrances vous renvoient le silence comme une sanction ou un désintérêt de la part de l'autre, il peut également être rempli de Vous, de votre Être. Il suffit d'offrir Qui Vous Êtes, sans attente particulière, pour que ce Silence se transforme en partage d'Amour. Si les mots peuvent séparer en fonction de la définition que chacun y donne, le Silence peut rassembler quand nous sommes prêts à ne plus rien cacher, à ne plus vouloir nous protéger.

Car le Silence est lui aussi guérisseur et transformateur. C'est pourquoi nous rentrons dans le silence lorsque nous désirons faire le bilan de notre vie. Nous inversons notre écoute, laissant notre cœur transmettre les informations telles qu'elles sont, sans chercher à les contrôler ou les modifier. Les sauts quantiques se déploient dans le silence, hors du bruit et de l'effervescence. Nos illuminations intérieures se produisent quand notre attention se concentre sur nous, uniquement sur nous, dans notre silence intime.

Le Silence en Partage est la suite du Son vocalisé. Les vibrations ne rencontrent plus de limites telles que nos cordes vocales ou instrumentales, mais s'expansent librement dans un espace bienveillant. Il n'y a plus de début ou de fin. Seule la Conscience joue de son archet sur la partition de notre être, jusqu'à sa guérison.

Les Atlantes, les Esséniens entre autres utilisaient le silence pour soigner et communiquer.
Une des méthodes de guérison était d'étreindre la personne en demande dans un élan d'Amour, un contact d'âme à âme. C'est ce que nous faisons lors des câlins avec nos proches. Nous établissons un espace sacré dans lequel nous laissons le Silence transmettre l'Amour inconditionnel que nous sommes prêts à recevoir, non de l'autre mais bien de notre âme, par ce jeu de miroir.
Au temps où les Esséniens puis les Chrétiens étaient repoussés et chassés, ils avaient développé le contact physique silencieux pour se reconnaître et s'entraider. A l'époque, se prendre dans les bras pour se saluer était coutume, aussi nul n'y voyait un geste

suspicieux. Lors de cet enlacement bref, une conversation télépathique permettait de véhiculer des renseignements et de renforcer les liens.

En approfondissant notre Transparence, nous retrouvons cette compétence de diffuser cet Amour guérisseur dans le Silence. Nous nous plaçons en tant qu'Humain, communiquant avec notre cœur dans un langage de lumière.

Souvenirs quantiques

4.   Le Plasma

Message de Miriadan :

« Dans la Création de l'Un existent de nombreux outils. Aucun n'est prédominant. Chacun apporte à l'autre une complémentarité afin que se concrétisent les souhaits d'évolution et l'apparition de nouvelles formes de vie.

Parmi eux se trouve le Plasma. S'il n'y a pas d'importance ou de hiérarchie en l'Un, il reste un élément primordial à la Vie. Le Plasma est une substance qui contient les spécificités de chaque élément présent dans les dimensions. Il préexiste en Tout car toute la Création s'appuie sur lui. Une perspective peut même être visualisée comme "en lui".

Votre planète, votre système solaire, votre galaxie et votre univers se maintiennent dans une Cohérence par le déploiement de grilles électromagnétiques qui forment des matrices. Au sein d'une matrice, toute énergie qui se place dans une Conscience rencontre le Pouvoir Créateur. Ainsi, une idée reliée à une Conscience trouve-t-elle une potentialité de matérialisation dans une dimension en cohérence avec sa présence. Cela se présente comme la rencontre de vecteurs, deux figures géométriques qui s'accordent en harmonie. Au point de jonction se produit une ouverture, un portail en quelque sorte, qui permet la pénétration du Plasma dans la matrice existante. Le plasma s'unit à l'idée créatrice - qui dessine le cadre géométrique - et lui offre la forme en plusieurs dimensions, et notamment la profondeur qui est source d'intrication avec la Source. Il est programmé selon les codes transmis par les grilles et les matrices nourricières.

Votre corps, par exemple, est un amalgame de dimensions qui maintient sa forme et sa cohérence grâce à un schéma géométrique validé par plusieurs matrices : la vôtre, celle de l'humanité, de votre planète, de votre système solaire, galaxie, univers. Vous êtes énergie à différents niveaux. Vous pouvez déjà "toucher" cette notion de multiples matrices avec vos chakras. Chaque chakra est un portail, une géométrie divine, qui vous relie à une dimension précise unique. Vous êtes multidimensionnels et pourtant Un. Le plasma est ce qui donne à votre corps une "matérialité", une apparence qui se maintient, tout en bénéficiant de l'adaptabilité d'un élément malléable selon les croyances de Qui Vous Êtes.

Dire que le plasma est la "colle" qui relie les points d'énergie ou champs dimensionnels entre eux serait un premier pas. Le visualiser en tant qu'océan dans lequel nous baignons tous en est un second. Le ressentir comme la "pâte à modeler" de l'Un est un troisième.

Le plasma détermine la réalisation, la dimensionnalité d'une potentialité. La géométrie sacrée encadre l'idée, valide en verrouillant ou "cadenassant", le plasma lui donne une "physicalité" ou perception compréhensible par nos capteurs sensoriels. En cela, une de vos séries télévisées a repris le concept : "La porte des étoiles" ou "Stargate". Les voyageurs sont transposés d'un monde à l'autre via un couloir plasmique ouvert grâce à une programmation électromagnétique. La géométrie sacrée déplace les substances, le son divin transporte les consciences, chacun intriqué en l'autre.

Votre planète, ainsi que tout ce qui compose nos environnements, se repose dans le plasma de l'Un. Et comme une énergie source est toujours nécessaire, à chaque fois qu'il y a création, matérialisation d'un désir, les tachyons participent au Jeu infini de l'évolution. Ils fournissent le carburant propulseur là où l'énergie en présence n'est pas suffisante.

Le Plasma a la particularité de faire coïncider différentes fréquences au sein même de sa substance. Et c'est pour cela qu'il est prédominant sur votre planète où s'observent des flux d'énergie si différents à chaque niveau de l'existence. Vous pouvez le concevoir comme une bulle dans laquelle se croisent, se mélangent et se détachent en permanence des courants de fumées aux multiples couleurs. Il coordonne l'équilibre des manifestations de la surface, en lien avec l'âme de Gaïa et les champs électromagnétiques. Car il dispose également d'une "intelligence divine" : il répond aux Lois de l'Un. »

Le Plasma est une substance qui possède des propriétés multiples. A la fois condensateur pour donner à la forme sa dimension, ses profondeurs, il est aussi élément matriciel, donc créateur et nourricier. Si la Géométrie sacrée donne et sécurise une forme, le Son divin y transposant une Conscience, le Plasma apporte le substrat qui emplit le contenant de son contenu. Il agglomère l'énergie jusqu'à un format dimensionnel adapté, tels que nos corps faits de chair et de sang. Il donne le volume.

Et si le Plasma est cette substance qui offre la consistance, la reliance des éléments au sein d'un habitat unique, il est également cet environnement qui nous contient, tel un océan pour ses éléments maritimes. Ce milieu prend soin de ses habitants en maintenant une température adaptée, la régulation des flux (tels les vents ou d'humidité) et plusieurs couches protectrices entre l'espace et l'intraterre. Le Plasma est le maître des écosystèmes du fait qu'il en est la matrice première, détenant les codes de toutes les potentialités de vie sur une planète, passées, présentes et à venir. Le climat est son œuvre.

Nous ne sommes pas les modificateurs du réchauffement climatique, nous suivons le Mouvement lancé par l'Ascension. En lien avec la Conscience de Gaïa, notre planète, le Plasma a initié le changement sur la surface et à l'intérieur de la Terre. Nous sommes à leur Service, aussi nos consciences collectives ont-elles adhéré immédiatement à ce Plan. D'où notre comportement à-priori dédaigneux envers la planète qui nous fait prendre conscience de notre responsabilité et nous ramène à un esprit communautaire respectueux de tous. Nous faisons partie d'une vague qui fait remonter ce qui est prêt à être nettoyé, pacifié et transcendé. Telle est la raison de ces divulgations médiatiques qui n'ont d'autre objectif que de faire résonner en nous nos peurs. Tant que nous craignons le pire, nous attirons à nous les informations inquiétantes. Nos angoisses et nos croyances limitantes sont nos baromètres sur l'échelle de notre confiance personnelle. Il n'y a plus de peur quand nous avons foi en nous, et donc en la Vie. Alors nous découvrons l'autre visage de ce Changement : la mise en valeur de nouveaux systèmes (culturels, politiques, économiques ...), des élans du cœur dans tous les étages de la société. Quoi qu'il se passe, nous savons que derrière l'apparence de perte s'achemine un meilleur. Alors, nous sommes libres d'accueillir le cadeau de notre âme, cette expansion de soi dans l'Inconnu, ce basculement de repères.

Ce mouvement, nous l'avons choisi, accepté avant de nous incarner. Il accélère notre éveil et ranime notre sentiment d'appartenance à notre Famille, une cohésion unitaire. Nous n'avons qu'à nous laisser-aller sans réfléchir, suivre ce courant audacieux qui renverse nos valeurs pour notre plus grande joie.

Nous entendons parler du prana. Il fait partie du Plasma tel l'oxygène dans l'air, imprégnant tout, nourrissant nos organismes sans que nous nous en apercevions. Sans lui, notre alimentation « physique » (viande, légumes, fruits, minéraux, eau) ne serait pas suffisante. Porteur d'une Flamme nourricière, le prana apporte à nos cellules l'Amour qui est l'aliment de base pour tout élément de Vie. C'est pourquoi les personnes ayant choisi de passer exclusivement à la nourriture pranique ne connaissent plus les désagréments classiques de notre dimension. Néanmoins, leur évolution suit les mêmes échelons. Leur corps n'est nullement immunisé à la dégénérescence ou aux maladies psychiques. La nourriture pranique n'est en aucun cas une preuve d'éveil ou d'ascension. Il s'agit d'un Choix.

Il y a eu de nombreux cas dans l'Histoire de personnes exprimant cette Volonté, sans lien avec une quelconque spiritualité, nationalité ou religion. Le corps en est le décideur, toujours en relation avec notre parcours. Les symptômes sont : manger de moins en moins, sentir son corps se solidifier, avoir de plus en plus d'énergie, éprouver de la Joie à partir dans cette voie, s'ouvrir au donner et recevoir. Si la Joie n'est pas au rendez-vous, reconsidérez votre décision. Écoutez votre corps, il exprime votre état d'être et ce que vous êtes prêt à vivre.

Dans ce temps d'évolution accélérée, de nombreux enfants vont exprimer ce Choix, et manifester une santé et une croissance rayonnantes à l'inverse de nos croyances. Pour nous secouer, nous faire abandonner nos limitations. Les enfants sont nos miroirs, ils manifestent envers nous ce qui attend en notre intériorité. Ils nous renvoient à nos blessures, nos peurs et nos blocages. Ils nous aident à prendre conscience des schémas parentaux qui se sont imprimés en nous, que ce soit dans l'acceptation ou le rejet. Ils sont les révélateurs de nos « Pour » et « Contre », afin de nous faire revenir au Centre, aux « Avec » à partir desquels nous créons notre exemple.

La nourriture est un des outils en ce domaine d'éveil intime. Manger est un acte personnel, révélateur. Il nous montre quelle est notre relation avec notre corps et les autres : mangeons-nous uniquement pour satisfaire un besoin physiologique, remplir un vide, construire une enveloppe protectrice, faire partie d'un groupe ? Où se trouve le plaisir ?

L'Envie liée au cœur est prépondérante. Que ce soit une nourriture pranique ou classique, la base en est la Gratitude. Rien n'est interdit ni mal puisque tout est énergie, ce qui revient à la neutralité de tout ce qui nous entoure. Si vous mangez quelque chose avec plaisir, vous émettez une vibration de Joie qui est reçue à la fois par l'aliment et votre corps. Vous contactez la quintessence contenue dans cet ingrédient (cela inclut les médicaments) qui va se diffuser dans votre corps et se fondre harmonieusement en vous. Vous manifestez votre accord à une Collaboration consciente. A l'inverse, si vous ingérez quoi que ce soit avec de la culpabilité, par obligation ou l'illusion que cela est néfaste, votre corps ne disposera pas de cet échange sublimé. L'aliment sera en rétention, programmé pour limiter sa participation. Il répondra exactement à ce que vous lui demandez : servir de miroir à votre état d'être pour évoluer.

Souvenirs quantiques

5.   Les tachyons

Message de Miriadan :

« Le tachyon est le transmetteur sacré. D'une rapidité qui dépasse tous vos entendements, il existe dans un champ vibral qui supporte les champs quantiques. En un tachyon s'émet une quantité d'énergie qui dépasse bien des bombes nucléaires les plus puissantes de votre planète. Il est perçu comme le souffle de l'Un. Qu'un être plonge en son Centre afin de contacter ses Soi multidimensionnels, et les tachyons activeront la corde d'Unité qu'ils ont apposé entre vos expressions. Imaginez : un aéroport où un avion est en cours d'atterrissage. La piste s'allume progressivement à sa venue, et pourtant en parfaite synchronicité. La piste et les ampoules sont sous la coordination des tachyons.

Il est encore difficile de vous offrir une vision proche de notre compréhension, car les mots que vous utilisez restent éloignés de notre perception.

Sachez encore qu'une explosion nucléaire perturbe les tachyons, mais ne peuvent les détruire. Néanmoins, elle engendre une fracture dans la communication des tachyons, et c'est ce qui disperse alors les fragments d'âme dans les multivers. Le chemin d'Unité perd ses balises.

Les sauts quantiques reposent sur les tachyons car ils ouvrent la porte d'une dimension à une autre grâce à l'énergie Primaire, celle qui détient les clés et les codes de la Création. Un champ quantique ne peut "flotter" sur le vide car le vide n'existe pas. Il est empli de la Volonté de l'Un, qu'elle soit perçue ou pas par vos capteurs sensoriels. »

Les tachyons représentent un carburant intelligent. Nos cadres dimensionnels limitent l'énergie mise à notre disposition en fonction de la cohérence de notre évolution. Aussi, lorsque nous arrivons au stade du saut quantique, notre âme ouvre une brèche dans notre constitution quantique pour que nous puissions être alimentés par ces tachyons, changer de perspective et reprogrammer entièrement notre cheminement, déplacer et stabiliser notre conscience sur notre nouveau plan d'expérimentation.

Ils représentent ainsi un élément extérieur à nous-mêmes, mais comme la Création est un Paradoxe et que nous ne sommes jamais séparés du Tout, ils font également partie de nous. Nous pouvons les voir comme des ingrédients auxiliaires qui attendent de jouer leur rôle en justesse, mais aussi comme des facteurs essentiels. Car toute la Création s'appuie sur cette énergie.

Sans eux, il n'y aurait pas d'évolution par manque de combustible suffisant. Ils disposent de l'intégralité de l'énergie de l'Un. En quelque sorte, ils sont le nectar de l'Un. Ils impulsent un changement de direction immédiat, nous extrayant de l'attractivité de notre champ dimensionnel où pèsent nos croyances limitatives.

Aussi se trouvent-ils à un niveau subquantique, toujours en mouvement puisque la Vie est impermanence. Le Plasma s'en nourrit pour apposer avec solidité des limites entre les mondes et consolider sa densification dans les formes. Tout comme le prana l'est pour nous, les tachyons représentent l'invisible ami qui prend soin de faciliter l'accomplissement de notre désir d'évoluer harmonieusement.

Souvenirs quantiques

Les Joueurs

Que serait un Jeu sans joueurs ? N'y pensons même pas ! Cela tombe bien car nous en faisons partie. Et nous sommes nombreux à jouer sous l'étendard de la Création, tous maillons précieux et indispensables aux autres : des Sois, âmes, personnalités, Flammes, Feux, Rayons pour notre partie.

Nous qui sommes ici, sur cette planète, qui sommes-nous ? Nous sommes l'accomplissement de l'union d'un Soi (Esprit) et d'une âme.

Le Soi dispose de la Théorie, la Connaissance ; l'âme est le Pouvoir de Manifestation, cet Amour qui reçoit l'Intention (ou Direction) du Soi pour la manifester dans la dimension, y dessiner des plans, des chemins pour atteindre l'objectif proposé par le Soi. Et nous sommes l'enfant, le résultat de ce mariage, l'expérimentateur qui amène dans la matière cette énergie afin d'atteindre la cible et faire remonter l'expérience par la Pratique, la leçon en Sagesse. La boucle est bouclée, la Théorie se nourrit de la Pratique maîtrisée pour ensuite s'élargir à d'autres potentialités.

Souvenirs quantiques

6. L'âme

Message de Miriadan :

« Une âme est l'émanation d'une onde vibratoire. L'Un est la Source Primaire contenant l'intégralité des vibrations puisque Source Vibrale.

Les âmes sont mises en forme et émises hors d'un Feu Maître qui existe au sein de l'Un. L'Un est le point d'orgue d'un ensemble de Feux Maîtres qui existent en symbiose et osmose selon différents états vibratoires et non-vibratoires. Les rayons sont la concentration d'un degré du Feu Maître, se positionnant sur une "spécialité".

Il existe autant de sortes d'âmes que de multivers ou d'univers. Car chaque multivers et univers dispose de sa fréquence propre. Lorsqu'une âme pénètre dans un multivers, elle est tout d'abord adoubée par le Gardien de celui-ci. Puis, lorsqu'elle est dirigée vers un univers, elle est ensemencée par le Soleil Central, le Logos cosmique.

Selon le Feu Maître créateur, l'âme a des dispositions plus ou moins accentuées. Ainsi, certaines âmes sont des catalyseurs qui réceptionnent les vibrations de toute énergie à proximité. Elles deviennent de parfaites bibliothèques. D'autres s'ouvrent à plusieurs multivers et offrent des portes entre les mondes. Elles peuvent également être appelées à s'expanser pour s'adapter à de nouvelles octaves et devenir l'âme d'une planète, d'un univers, d'un multivers.

Une âme est malléable, programmable, adaptable. Et généreuse. Elle aime s'accomplir en œuvrant pour les Esprits, les Sois. Ample et joyeuse, l'âme s'unit à un Soi lorsqu'un souhait d'expérimentations est émis. Elle reçoit alors le Feu directeur du Soi qui lui donne les indications et directions de l'expérience. Il est possible que le Soi fasse appel à plusieurs âmes si cela est utile, que ce soit pour émaner dans de multiples degrés de vibration ou pour participer de plusieurs façons dans le même jeu. De même, une âme a la possibilité d'offrir ses services à un Soi lorsqu'elle le désire, tout n'est que liberté.

Il existe des âmes jumelles. Il s'agit de deux âmes issues portant la signature identique : Feu Maître, logos, Soi. Le parfait miroir de l'autre.
Il est possible également qu'une âme se fragmente sur un degré vibratoire précis afin de multiplier ses capacités d'expériences simultanées. L'âme reste unique, simplement elle partitionne une partie d'elle-même.

Dans les deux cas, vous pouvez parler d'âmes jumelles.

Il existe les âmes sœurs. Deux âmes qui se côtoient en harmonie, que ce soit sous la direction d'un Soi commun ou pas. Ces âmes ont pu développer une musicalité commune lors de contrats conjoints qui ont fait résonner la note du même Feu Maître.
Il existe les âmes fusionnées. Des âmes qui choisissent de fusionner afin de donner naissance à une nouvelle entité, unité de plusieurs âmes dans le but de transmuter leurs fréquences et d'avoir accès à une nouvelle portée vibratoire. Les âmes peuvent être issues du même Feu Maître comme différentes. L'entité issue d'une telle fusion se joint bien souvent à des multivers qui expriment la Création sur plusieurs gammes de vibration et de non-vibration.

Il existe les âmes complémentaires. Ces âmes se partagent des niveaux d'expérimentations et se complètent parfaitement lorsqu'unies par un Soi. Cela est demandé généralement lorsque des âmes sont vierges d'expériences et demandent un soutien. Selon leur souhait, une âme exercée peut soutenir la nouvelle arrivée jusqu'à ce que celle-ci prenne son autonomie, ou un contrat d'assistance est proposé à deux âmes "jeunes" le temps de leur apprentissage.

Une âme est une entité à part entière. Elle se nourrit d'expériences et porte la Joie de s'exprimer sur l'octave de la création qu'est l'Amour inconditionnel. »

Il existe de nombreux types d'âmes dans la Création. Toutes n'émettent pas des incarnations. Certaines aiment à soigner les âmes blessées lors d'une expérience de transsubstantiation, d'autres à conseiller. Il n'y a aucune limite au champ des potentialités qui est offert aux éléments de la Création. Tout est possible. Tous les rôles sont offerts à tous les niveaux. Et même s'il est difficile de concevoir une Force agissante au service de tous, il suffit de se pencher sur notre monde pour sentir qu'une magie est à l'œuvre. Nous en sommes la preuve, que nous croyons en l'Un, Dieu, ou pas : nous sommes le résultat d'une probabilité infime dans la somme des possibilités de L'ADN humain. Il a fallu une chaîne interminable de rencontres pour que nous, notre Individualité, soyons ici à lire ce livre. Synchronicités.

Si le hasard fait bien les choses, peut-être est-ce parce qu'il est guidé ? Alors, pourquoi ne pas étendre l'espace d'un instant notre esprit à un concept encore plus vaste, celui du Soi (ou Esprit), partenaire de l'âme.

Souvenirs quantiques

7.   Du Soi (ou Esprit) à la Personnalité, l'Individualité

Message de Miriadan :

« Un Soi s'appuie, entre autres, sur un champ vibral. Il est une des expressions de la connaissance de l'Un. Il porte le regard et l'objectivité de la Source. Il agit comme le bras armé du chevalier qui imprime sa volonté directionnelle au sein des multiples formes de la Création.
Un Soi étend son influence dans les couches dimensionnelles grâce aux contrats qui le lient avec les âmes.

Pour approcher une vision de la différence d'un Soi et d'une âme, l'âme est chaleur émotionnelle, tendresse aimante qui caresse et protège. Le Soi est clarté resplendissante d'une étoile glacée. Non pas par manque d'amour, car le Soi est Amour. Simplement, il reste sur un « piédestal » qui lui offre la perspective globale des potentialités. Le Soi est le chef d'orchestre qui apporte la neutralité divine afin que l'orchestre joue ses plus belles notes dans le temple symphonique de l'Harmonie.

Pour schématiser, le Soi est la direction. L'âme met en place les jeux de scène et les interactions émotionnelles entre acteurs, et les incarnations expérimentent les potentialités.

La personnalité est l'émanation de l'âme dans une situation précise. Le but est toujours de se positionner, sans jugement. Dans le cas de cet univers et de cette planète, il s'agit pour chacun de revenir au centre, en son centre. De monter une octave, celle qui embrasse simultanément la personnalité, l'âme et le Soi, de progresser dans le Jeu divin.

La personnalité ne se perd pas, ne s'efface pas, ne s'annule pas. Elle fait partie de l'âme, tout comme la couleur est inhérente à l'arc-en-ciel. La personnalité s'épure, se magnifie.

Chacune des émanations dans les vies simultanées existe dans son degré fréquentiel. Des frères et sœurs d'âme. Et lorsqu'une incarnation prend le chemin de l'Éveil, de sa transparence, elle transmet l'activation de la transcendance à ses frères et sœurs d'âme. Et tous évoluent simultanément pour se rejoindre au centre de leur Feu directeur commun, pont « essenciel » de l'âme au Soi.

La personnalité est l'alchimiste qui a pour rôle de faire rayonner en son temple individuel l'essence de l'âme illuminée par le Soi. »

Cette personnalité se comprend en tant qu'individualité, explicité par Miriadan :

« L'individualité est une marque d'ego dans le sens de perception de sa personnalité. Ressentir que l'on est soit, dans son intégralité. Et votre chemin adhère à vous faire retrouver votre unité par votre individualité.

Vous êtes unique. Bien que vous soyez issus d'une âme qui comporte bien des émanations dans des vies simultanées dans de multiples dimensions, votre développement personnel vous a marqué de vertus et qualités de différentes fréquences. Même si vous paraissez noyés dans la masse, que vos pensées soient neutralisées et adaptées par des égrégores de foule ou sociétaires, vous conservez votre individualité. Il ne suffit qu'une prise de conscience, un déclic pour que vous positionnez votre attention sur vous-mêmes.

Il est possible de conserver votre individualité tout en élevant votre conscience vers l'harmonie de groupe. Et cela vous est même demandé. Paradoxal ? La Vie est paradoxe, et cela est Juste.

Lorsque vous vous éveillez à vous-même, vous ne vous dépouillez pas de votre personnalité, vous la retrouvez. L'être que vous croyez être en ce moment est un rôle revêtu pour les circonstances. A chaque étape de votre éveil, de votre allègement, vous épurez vos traits de caractère.

Ne croyez pas que faire partie d'une osmose de groupe vous prive de votre sensation d'être unique. Bien au contraire pourrait-on vous dire, cela illumine la syntonie de l'ensemble. Une unité est une harmonie, une octave de Paix et d'Amour dans lequel chacun fait vibrer sa note. Voyez, entendez, comme une symphonie diffuse des émotions, des images qui vous entraînent au-delà de la première note. Prise seule, chaque note reste limitée dans sa fréquence et sa portée. Mais, ensemble, elles vous offrent une ouverture illimitée.

L'individualité existe. Et pas uniquement sur votre planète. Nous sommes tous basés sur une personnalité. Cela se traduit par un trait plus sérieux, posé, malicieux, joyeux, aimant ...

L'éveil vous appelle à redécouvrir votre personnalité, votre individualité. Si nous sommes tous issus d'un courant d'énergie, ce même courant d'énergie est lui aussi émanation d'un ensemble de fréquences, lui-même également partie d'un autre ensemble. Et pourtant, nul ne se perd, nul ne disparaît.

La différence entre votre service personnel et votre apport à une syntonie de groupe, est que vos potentialités sont exponentielles. Seul, vous déployez vos ailes sur votre fréquence. Ensemble, vous naviguez dans les dimensions portées par une volonté démultipliée, et l'union de vos vibrations crée une nouvelle entité détentrice, créatrice de nouvelles opportunités. Vous êtes au service de votre groupe, sans hiérarchie, dans le respect de chacun et la reconnaissance de la valeur individuelle.

Sans individualité, il n'y aurait pas de projection dans la base densifiée. Et sans base, les dimensions éthérées resteraient limitées dans le jeu de leur compréhension de la Vie.
Aussi, ne craignez pas de vous perdre en avançant vers votre Esprit. Car c'est l'Esprit qui se penche pour reconnaître la valeur de votre personnalité. Sans elle, auriez-vous pu expérimenter toutes ces vies selon différents angles ?

L'Unité n'est pas l'homogénéité. L'Unité est Multiplicité. »

Nous sommes un résultat il est vrai. Pourtant, ce résultat prolonge les bases. C'est là le Paradoxe merveilleux de la Vie. L'un sans l'autre, il manquerait ce petit quelque chose qui participe à notre émerveillement. L'un sans l'autre, nous ne pourrions découvrir de nouvelles potentialités. C'est parce que l'un partage avec l'autre que chacun transcende sa dimension pour ouvrir des voies impensables au préalable. Et c'est aussi pour cela que le cercle est une parfaite allégorie pour symboliser l'absence de début et de fin, puisque l'évolution n'est réalisable qu'à travers l'union entrelacée de chaque élément, sans hiérarchie. Le Yin et le Yang en sont un exemple. Qui peut dire où commence l'un et où termine l'autre ?

Nous sommes une vibration disposant d'une Conscience, et cette dernière a pour compétence de pénétrer tous les niveaux. Elle ne connaît aucune frontière, aucun tabou. Aussi, nous sommes cette personnalité éternelle qui façonne la Création de par notre existence, et ainsi détermine à chaque instant de nouvelles potentialités pour l'intégralité de ce qui existe. De par nos choix, nous agissons sur notre âme et notre Soi, ainsi que sur toutes les interactions possibles avec les partenaires du Jeu. Une seule note a le pouvoir de créer une nouvelle symphonie par son changement de rythme ou de tonalité. C'est pourquoi nous sommes tous précieux, indispensables et créateurs. Et quand nous allions notre pouvoir individuel aux autres, nous participons à faire chanter les notes jusqu'à faire résonner une œuvre audacieuse, novatrice, inattendue.

Souvenirs quantiques

8.   Les Flammes, Feux et Rayons

Message de Miriadan :

« Une Flamme est un condensé de l'Essence d'un Feu Primaire. En quelque sorte, vous pouvez considérer qu'une Flamme représente le principe Féminin Sacré et le Feu le principe Masculin Sacré. Les deux ensemble forment le Feu Primaire, complet, uni.
A la "base" se trouve l'Un qui se divise en de multiples formes de Vie et de Non-Vie, de vibrations et de non-vibrations, de matière et d'antimatière. En Lui/Elle flamboient les Feux Primaires qui contiennent les Feux Maîtres de la Création. D'eux émanent les âmes, entre autres.

Le principe de Vie sur lequel repose ce multivers est la résonance vibrale et vibratoire. Par vibrale, nous voulons expliquer que tout est lié à l'Un, intrinsèquement. Ce qui est permanent en quelque sorte. Par vibratoire, nous voulons parler de ce qui est évolution, changement, expansion ou rétraction. Mouvement.

La Vie utilise les Feux et les Flammes offerts par les Feux Maîtres afin de créer un dynamisme. Car toute

67

vie s'appuie sur une stabilité, la "semence", afin que les différentes Lois de l'Un puissent s'appliquer dans cet octave.

Une âme porte la signature vibrale du Feu Maître créateur à la Source. Cette signature est telle un aimant puissant qui attire les Sois compatibles à elle, dans le Jeu des expériences.
Lorsqu'un "contrat" est signé entre un Soi et une âme, le Soi transmet un Feu directeur avec les indications sur l'objectif recherché. Ce que vous appelez aussi "mission". A ce stade, le pacte peut perdurer des milliers, voire des millions d'années, le temps n'existe pas.

Dans votre dimension, une âme évolue grâce aux Feux et aux Flammes. Les Flammes expriment l'Essence d'une Vertu, que vous pouvez visualiser par la Guérison, la Communication, la Compassion, la Justice pour ne citer qu'elles. Les Feux sont les conducteurs de l'Action divine.

Et tout comme les âmes, les Flammes vibrent sur une fréquence propre selon leur origine et leur octave. Votre planète exprime l'Essence de la Flamme Violette en ces instants de changement, la Transmutation.

Vos âmes reçoivent la Flamme en cohérence avec le Feu directeur, et la transmettent en votre émanation afin que vous soyez emplis de la "mission" choisie. Cette Flamme rayonne lorsque les Feux de l'éveil ont purifié votre corps.

Il existe des Flammes jumelles, des Flammes ascensionnées, des Flammes multiples.
Les Flammes jumelles sont ainsi issues d'une Vertu selon une fréquence précise et dans un même univers.

Les Flammes ascensionnées évoluent d'octave en octave afin d'imprimer en elles plusieurs niveaux vibratoires, et de s'étendre sur différentes portées de création. Votre univers se place sur la portée de la trinité, du 3, votre principe de vie. Il y en a bien d'autres.

Les Flammes multiples se sont associées afin d'exprimer plusieurs Vertus en un seul rayonnement. Elles se placent en des mondes où les principes de Vie diffèrent des vôtres. Car cela demande beaucoup d'énergie pour les intégrer en une émanation.
Une Flamme et un Feu détiennent chacun une conscience. Ainsi, certaines dimensions sont consacrées au développement des Flammes et des Feux dans la cohérence des principes d'Évolution.

Tout accord de "partenariat" entre entités : âmes, Flammes, Sois, Feux, s'ancre sur l'Amour, diffusion de l'Un en toute expérience. La Liberté et la Joie en sont les moteurs. »

Nous ne sommes pas une Flamme, un Feu ou un Rayon. Nous ne sommes pas une compétence. Nous sommes des acteurs dans un jeu qui les utilisent pour expérimenter les facettes de l'Un. Aussi nous nous allions à une Flamme, un Feu ou un Rayon selon la compétence qu'ils rayonnent. Nous ouvrons notre monade pour accueillir dans notre cœur cette force et la vibrer à partir du chakra concerné.

Nous leur offrons un réceptacle sacré au nom du Service. Il s'agit d'un partenariat respectueux, au cours duquel chacun est libre de l'arrêter ou de le modifier. Recevoir cette magnificence ne signifie aucunement en avoir instantanément la maîtrise. Nous disposons de toutes les compétences de l'Un dans l'Absolu. Dans notre relativité dimensionnelle, nous adhérons à des cadres communs limitatifs. Naître avec des jambes ne nous fait pas marcher immédiatement. S'unir avec une Flamme, un Feu ou un Rayon n'est que le premier pas. Le deuxième est de faire appel à des êtres ayant parcouru ce chemin d'apprentissage, et mettant avec joie leur expérience à notre disposition : des frères ou sœurs issus de notre âme ou d'âme aimée.

Dans notre recherche de l'Unité, nous confondons souvent flamme jumelle ou âme sœur. Nous projetons vers l'autre notre besoin de complétude, lui demandant de remplir ce vide en nous. Ce partenaire flamboyant nous sert de miroir, participant à nous observer à l'extérieur pour mieux revenir vers notre intérieur. Il nous rappelle que l'Amour prend sa source en nous, que nous trouvons notre plénitude par nous-mêmes.

L'Amour est sans nombre, aussi pouvons-nous aimer plusieurs partenaires à la fois, tout comme pour nos enfants : chacun à sa façon unique et sincère. L'autre n'a pas besoin d'être une âme sœur ou une flamme jumelle pour partager un sentiment profond, et ressentir une parfaite harmonie. Tout comme nous n'avons pas « besoin » d'un autre pour être heureux, mais simplement d'être dans le plaisir de s'accompagner sans attachement ni attente.

Souvenirs quantiques

III.   LA COHÉRENCE

La Cohérence est le cadeau que l'Un nous a offert afin de répondre à notre envie de nous extérioriser de sa Conscience, de saisir pleinement notre existence. Nous sommes parfaits, soit, mais nous avons aussi choisi de servir de caisse de résonance dans le champ infini des potentialités de l'Un. Notre rôle est de Ressentir. Pour cela, il nous fallait des terrains d'expérimentation où nous serions libres de nous exprimer en toute confiance, en parfaite sécurité, guidés dans la Direction désirée.

1.   La portée, la dimension et les degrés

Message de Miriadan :

« Dans la Sagesse de l'Un, nous sommes, chacun de nous, déterminés par une vibration qui nous entoure d'une bulle de protection (ce qui peut s'appeler aussi " œuf aurique " ou monade). L'impulsion de notre vie exprime ce que nous désirons dans le Présent. Aussi nous attirons les réponses à nous tout comme nous le faisons ici-bas selon la Loi d'attraction et la Loi de Grâce.

Dans les dimensions-octaves de l'Un, nous baignons dans ses flots d'énergie avec fluidité, aisance et intégrité. La Foi est la voile de notre navire car nous savons que nous rencontrerons sur notre chemin uniquement ce que nous pouvons intégrer.

Qu'est-ce qu'une dimension ? Il s'agit de la somme des étincelles de vie présentes en cet octave. Chaque bulle vibratoire avec ses particularités répondra par l'ouverture à une autre bulle de conscience. Et ces bulles se joindront l'une à l'autre. A cette harmonie, viendront se présenter une ou plusieurs autres bulles de vie qui s'épouseront ensemble. Et de là une partition jouera sa musique pour que la dimension nouvellement créée commence son expansion, à l'infini ou pas. Si les étincelles de vie sentent en leur cœur vibral qu'un changement est nécessaire, la mosaïque peut changer de tonalité, de profondeur, de forme. Ou disparaître pour recommencer.

Tout est Cohérence. L'Un est Cohérence. Son Amour nous contient et nous enveloppe pour que nous puissions exprimer Sa Volonté qui est aussi la Nôtre. Nous sommes sous la protection de Sa Volonté, et par elle, nous demeurons dans la Confiance et la Plénitude.

Nous Sommes en l'Un. Les dimensions sont en Nous, les dimensions sont l'expression de notre cohésion, de notre unité. Cohérence. »

La Création nous fournit un théâtre pour y transposer nos scénarios. Au fur et à mesure de nos envies, des scènes apparaissent à notre convenance. Je dis « à notre convenance » puisque nous en sommes les magnifiques initiateurs.

Où se situe la dimension ? Dans une portée, ensemble de dimensions fédérées par des Lois communes, et au sein desquelles chacune est en équité parfaite avec l'autre puisque support et résultat de l'autre. Chaque dimension est différente, mettant en valeur ses particularités pour expérimenter une des facettes de l'Un.

Notre portée s'appuie sur la Trinité (3). Tous nos mouvements prennent leur origine dans cette base de construction. La Trinité distingue deux pôles et un Centre qui les unit, tels le féminin-le masculin-l'androgyne ou la lumière-l'ombre-la transparence. Nous naviguons de l'un à l'autre jusqu'à revenir à la compréhension du Centre, un flux initiatique qui nous sert de tremplin pour évoluer en tant qu'être multidimensionnel. Combien de portées existe-il ? Autant que de dimensions.

Et comme tout s'assemble sur le même modèle, la dimension elle-même se subdivise dans des degrés ou champs dimensionnels que, sur Terre, nous percevons à travers les strates du minéral, végétal, animal, humain et éthérique. Le visible se prolonge dans l'invisible, et vice-versa. Notre perception s'ouvre ou se ferme selon ce que nous sommes prêts à accepter, mais tout est là, à portée de conscience. Il suffit de changer notre regard pour élargir nos croyances, notre zone de confort, la définition de la Vie. Et c'est aussi pour cela que la sagesse populaire préserve les contes et les légendes, clés d'accès à cet invisible qui nous entoure avec ses personnages fabuleux : sirènes, gnomes, lutins, dragons, fées ....

Ce qui est vrai pour notre planète l'est également pour notre système solaire, galactique, cosmique et multiversel. Chacun se prolonge dans les degrés et dimensions de notre portée, existant à tout niveau de la Création. Autant de duplications que de subdivisions possibles : une apothéose de formes, couleurs, vibrations et non-vibrations, Sons. Et tout cela est disposé selon une harmonie que la

Conscience de chacun et de tous maintient avec Amour, sécurisée par la Cohérence.

Souvenirs quantiques

Souvenirs quantiques

1.   L'intrication

Message de Miriadan :

« Notre monade (enveloppe énergétique qui contient tous nos corps en lien avec notre incarnation) est constituée de plusieurs éléments de Vie dont nous avons un aperçu par les chakras qui sont autant de portes vers les dimensions où nous existons simultanément.

Nous sommes un amalgame. Nous représentons l'alliance de multiples dimensions au sein desquelles se développe une partie de nous consciente. Nous ne sommes pas seuls. Et cette phrase a de multiples répercussions vibratoires.

Nous ne sommes pas seuls du fait de l'existence d'êtres stellaires dans notre univers, mais aussi dans d'autres multivers.
Nous ne sommes pas seuls avec les champs énergétiques qui composent notre planète où habitent bien d'autres peuples.
Nous ne sommes pas seuls car nous sommes en relation simultanée et perpétuelle avec les incarnations que nous ressentons nôtres sur cette planète et ailleurs (vies simultanées).

Nous ne sommes pas seuls puisque nous ne sommes pas le corps qui nous a accueilli, mais un partenaire en symbiose avec lui. Et le corps en lui-même appelle à la reconnaissance de couches dimensionnelles variées.

Nous sommes un résultat : l'alliance d'un Soi et d'une âme.
Nous sommes un résultat : la matérialisation du souhait de l'Un de contempler la Création.
Nous sommes un résultat : l'or obtenu par la transsubstantiation de plusieurs champs d'existence.

Chaque chakra de notre corps est le point de contact avec une personnalité propre. Ainsi, nous vivons avec une famille complète qui nous guide intimement vers l'expression de notre plénitude. Et cette famille se déploie dans les corps énergétiques : éthérique, émotionnel, mental, causal, christique, divin. Tout corps énergétique s'ancre dans une dimension précise, et évolue en lien avec les autres selon notre programme d'éveil général. Tout corps énergétique dispose de son environnement, de ses expériences et d'une intelligence. Ce qui est la définition d'une Conscience. Car tout corps énergétique n'est que la matérialisation d'une personnalité consciente : vous êtes multiples.

Votre aura éthérique, émotionnelle, mentale, causale, christique et divine est la porte d'entrée vers un monde complet où existe une partie de vous en corrélation avec cette dimension. L'univers est dessiné tel un mille-feuille. Vous l'êtes également. Votre éveil appelle au respect des personnalités qui vous composent, dans l'Amour. Ainsi, votre ego, votre mental sont des individus à part entière qui répondent à un rôle défini par votre âme. Non duels, ils ne connaissent pas le "bien" et le "mal". Ils vous apportent ce que vous leur avez demandé.

Le mental est un écran dont la fonction s'apparente à la mise en lumière de ce qui frappe à la porte de votre conscience. Chaque phrase, pensée est transcrite en vous afin que vous puissiez vous positionner : cette phrase est-elle de moi ou d'un autre ? Correspond-elle à Qui Je Suis et Qui Je Veux Être ? M'aide-t-elle à évoluer ou à me limiter ?
L'ego est le chevalier qui protège sa princesse (vous) de l'insécurité et des souffrances. Il pointe son épée vers ce qu'il considère comme un danger.

Chacun est une personnalité interconnectée avec l'ensemble, telles les "matriochkas", ces poupées russes maternelles se contenant l'une l'autre. Elles échangent continuellement leurs croyances et leurs expériences dans un seul but : vous protéger - et pour une seule raison : par Amour pour vous.

Depuis votre naissance, chaque corps s'est nourri de ce que votre famille, vos amis, votre environnement culturel et social lui ont apporté. Ils se sont structurés sur des schémas établis et reconnus par tous. Et vous avez accepté cette programmation d'autant plus volontiers que cela mettait en place dans votre enfance et votre adolescence les graines de votre future prise de Conscience, votre avancée vers votre libération et votre épanouissement.

Et aujourd'hui, vous êtes prêts à vous ouvrir à un paradigme qui vous paraissait inimaginable il y a quelques années, voire quelques mois. Votre attention n'est plus déviée sur l'extérieur, mais tout vous pousse à revenir à votre intériorité. Par les parties de vous qui ont besoin de votre aide.

Considérez que votre ego, votre mental ont progressé et expérimenté des schémas qui fonctionnaient parfaitement auparavant, et sur de nombreuses vies. Ils s'appuient donc sur des réflexes entérinés, utiles pour votre protection. Car vous viviez pour la plupart du temps sur un mode de survie : trouver de la nourriture, se protéger du froid, des autres. Vous avez été trahis, blessés, dépossédés, humiliés, bâillonnés, assassinés. Et l'aspect expérimentation divine ne trouvait de sens que dans votre espace christique et divin, loin du mental et de l'ego. Or, ils font partie intégrante de Vous, de votre monade, de votre Être. Et c'est pourquoi ils méritent votre gratitude et votre respect.

L'Unité de votre Être se fonde sur l'Amour inconditionnel de toutes les parties de Vous. Tant que vous colorerez ce qui vous compose par des jugements ou dépréciations, vous vous éloignerez de votre Transparence. Le Centre est l'ouverture, l'accueil de Tout Ce Qui Est, y compris vous-mêmes. L'ego et le mental sentent leurs bases se lézarder, et ne trouvent aucun repère stable auquel se raccrocher. Ils ont besoin de vous.

Ils ont besoin de vous pour les rassurer sur leur rôle : ils conservent leur fonction de mise en lumière et de protecteur. Vous restez à leur écoute. Simplement, ils sont libérés de la charge écrasante qui leur avait été confiée. Vous avez acquis autonomie et confiance en vous. Aujourd'hui est Paix, Foi et Joie.
Ils ont besoin de vous pour les guider : leur place est autour d'une table ronde dans votre palais intérieur, là sont assises toutes les parties de vous sous la guidance de votre âme. Chacune a autant d'importance que l'autre, dans l'équité et le respect.

Ils ont besoin de vous pour se sentir aimer : nul jugement, nulle remise en question de leur existence. Seul l'Amour de votre âme les nourrit. Et ils feront partie de vous éternellement, en vous suivant dans votre évolution intérieure.

Partez à la rencontre de vos multiples facettes vers une effusion d'Amour. L'Amour unie dans l'Harmonie. Et rien ne disparaît, tout se transforme. »

L'intrication est cette magie qui révèle le principe de Cohérence, et nous pouvons la voir car elle revient dans chaque thème, contrat, union. C'est ce réseau invisible, imperceptible par nos sens, qui se retrouve partout, et sans quoi nous serions en coupure nette et brutale avec notre Famille, l'Un. Nous touchons du doigt les étoiles et la lune. J'aime à le définir comme le Sang de l'Un, qui se retrouve en tout et le nourrit. Sans lui le Mouvement se changerait en inertie, perdrait sa Force.

Ce phénomène se situe dans une partie quantique de notre existence, là où les flux énergétiques de chacun se rencontrent, s'allient et se séparent en toute liberté. Nous sommes tous des émanations de l'Un, à quelque niveau que ce soit. Et l'Un ne se sépare pas, il se duplique à l'infini, chacune de ses parcelles étant sa réplique intègre. Son Amour pour nous est également sans partage, sans préférence. Notre Essence prend son origine dans cette Vérité, que nous ressentons dans chaque fibre de notre Être.

Mais comment pouvons-nous être tous reliés et ainsi impactés par les choix de l'individu et du collectif ? Si nous regardons notre provenance, nous comprenons que nous représentons des pièces d'un puzzle qui trouve sa Cohérence dans la vision d'ensemble.

Mais ce n'est qu'une partie de l'explication. Car un puzzle sous-entend une figure permanente, stable. Or, nous savons que la Vie est Mouvement pour nous offrir les perspectives d'évolution qui feront croître le Plaisir de Jouer. Aussi tout est également impermanence, le Paradoxe de la Vie. Dès qu'un changement s'opère, un signal est relayé immédiatement par les Consciences, transporté sur les routes de communication qu'alimentent les tachyons.

En considérant notre corps physique, nous appréhendons ce réseau ne serait-ce que par les signaux électriques qui parcourent nos muscles et nos fluides internes. Que nous nous fassions mal au pied ou à la tête, nous recevons l'intensité de la même façon et au même moment. L'acheminement du signal emprunte des voies qui transcende la notion de distance. Si une partie de notre corps est en souffrance, l'ensemble compensera d'une manière ou d'une autre pour donner le temps à la partie blessée de se réparer. Il n'y aura pas abandon, mais bien soutien indéfectible. Car votre corps est un ensemble cohérent et conscient basé sur un modèle. Du quanta à votre bras, les éléments qui le composent vibrent sur un accord commun : Vous. Et là est la réponse : vous êtes l'Un.

En tant qu'Un, chacun est le miroir de l'autre. Ce que vit l'un est reçu par l'autre instantanément. Nous sommes le puzzle complet qui déplace sa conscience simultanément dans chacune de ses pièces.

L'intrication peut également se concevoir comme une symphonie dont l'harmonie est le résultat de l'assemblage de notes, toutes placées en cohérence sur une portée, avec un tempo précis. Changez une note de place, et l'ensemble se repositionnera pour retrouver une sonorité mélodieuse, différente mais toute aussi belle.

L'intrication se place dans tous les domaines, et comme le souligne Miriadan, l'Amour en est le chef d'orchestre. Le cœur guide nos pas, que nous en ayons conscience ou pas.

Souvenirs quantiques

2.   Les grilles

Message de Miriadan :

« Dans cette dimension de créativité, vous êtes plongés littéralement dans un océan d'énergies dont les vagues prennent forme par des grilles électromagnétiques.

Vos pensées génèrent des égrégores qui, selon la nature et l'intensité de vos émotions, donnent une existence propre à ces " nuages d'énergie ". Par définition, l'énergie est une substance issue de l'Amour. Elle est neutre et malléable, fluide et dense. L'énergie est la pâte à modeler de vos désirs. Elle peut exprimer votre piété, votre foi comme votre colère ou vos peurs.

Ces égrégores se maintiennent sur des grilles électromagnétiques qui soutiennent la création. Tout comme les égrégores, une grille se programme sur la fréquence de votre civilisation. Elle est le soutien des visions de masse. Elle relie les êtres dans une volonté commune, et leur donne un chemin à suivre. Selon ce qui y est programmé.

Chaque pensée, chaque émotion, chaque perception sera en corrélation avec une grille, et elles sont nombreuses. Chaque pays comporte sa programmation, chaque région, ville, famille. Tout comme le Cosmos en est une. Et c'est ce qui nous permet de rester en cohérence avec le Plan de l'Un. Et c'est aussi grâce à cela que nous trouvons des personnes qui nous ressemblent, nous complètent. La loi de l'attraction est de nous placer sur une grille en adéquation avec nos souhaits, énergie pulsative et neutre.

Lorsque vous prenez conscience que vous ne répondez plus à la grille sur laquelle vous évoluez, vous envoyez un message quantique qui ouvre un passage vers une grille qui vous conviendra mieux.

Toutes ces grilles sont déjà là. Vous sautez de grille en grille selon votre perception, votre ouverture. Le libre-arbitre est une notion équivoque. Dans la loi de l'attraction, vous pouvez effectivement choisir de continuer à plonger dans l'Ombre afin d'élargir votre compréhension des mécaniques émotionnelles. Mais toutes ces potentialités vous ramènent à des grilles électromagnétiques qui constituent la base de votre dimension, de nos dimensions. Afin qu'il n'y ait pas d'interférences, ni de confusion entre les mondes.

Comme les grilles sont programmables, votre évolution est illimitée. Et lors de votre Ascension, vous fusionnez plusieurs fréquences qui attirent une

" nouvelle " grille, au sens de grille insoupçonnée jusqu'alors. Plusieurs êtres ont déjà placé des " jalons " sur cette grille, reconnus par les religions ou anonymes. Et plus vous êtes nombreux à vous y poser, plus vous émettez les signaux de son existence.

Posez votre regard sur votre comportement, vos pensées, vos impulsions. Voyez comme un " standard " revient communément. Nettoyez vos pensées, choisissez ce que vous désirez émettre. Les égrégores qui jusque-là habitaient vos énergies seront petit à petit éloignées et votre perception sur votre grille s'affinera. Et plus nombreux vous serez à vous écouter dans le silence de votre cœur, plus les grilles de vos habitudes s'allégeront, pour finalement se reprogrammer.

Car il s'agit de vos habitudes. Vous avez oublié que vous disposez de tous les outils disponibles pour vivre dans la Liberté de la Sérénité et la Fluidité de l'Amour. Vous vous laissez souvent soumettre par vos médias, vos environnements familiaux, amicaux et professionnels par peur de ne plus correspondre à l'ensemble, de pouvoir décider de votre vie.
Cette peur ne vous appartient pas. Elle est inhérente à bien des grilles, élément fédérateur qui transmet votre pouvoir personnel à d'autres. La peur est la

fondation des civilisations dites " modernes ". Peur de la guerre, peur de la paix (que ce soit en couple ou de nation). Peur des autres, peur d'être seul. Peur du changement, peur de l'ennui.

Plus vous oserez revendiquer votre souveraineté personnelle, dans le respect de vous-même et des autres, plus vous découvrirez à quel point vous êtes aimés par l'Un. Et par Nous. A quel point vous êtes estimables. A quel point vous êtes divins.
Vous ne pouvez tomber dans l'inconnu, vous serez toujours rattrapés par une grille qui vous ouvrira les champs de l'Harmonie et les accords de l'Amour.

Vous n'êtes pas seuls. Il y aura toujours un autre sur une grille, heureux de vous y accueillir dans la Joie et le Respect. Car l'Un ne laisse personne isolé. Il entend vos demandes, vos incompréhensions, vos remerciements, votre rire et vous accompagne à chaque instant de votre fréquence. Nous sommes tous une projection de l'Un. »

Entre chaque domaine (portée, dimension, degré) apparaît un outil de Cohérence : les grilles. Pour maintenir la séparation entre eux, matérialiser en quelque sorte une frontière par laquelle les terrains de Jeu peuvent perdurer tant que nous en avons besoin, un tissu énergétique en forme de maillage encercle et délimite les constructions. Nous revenons ainsi à la Géométrie sacrée.

Que ce soit une portée, une dimension ou un degré, ces grilles existent partout, à l'intérieur comme à l'extérieur. Elles se perçoivent comme un maillage programmable selon ce que vous acceptez de vivre ou pas. Véritable uniforme de reconnaissance, la grille focalise les comportements collectifs. Pour la Terre, cela s'entend facilement avec la culture, la religion, la politique ...

La grille est ce repère impalpable auquel nous adhérons par notre résonance et qui nous rapproche de nos pairs. Elle met en valeur ce que nous avons choisi de partager avec l'autre, mais l'éloigne aussi lorsque nous sommes en dissonance. Notre instinct nous fait rechercher d'autres nous-mêmes, qu'ils soient différents ou similaires, mais complémentaires. Ainsi, nous satisfaisons notre besoin grégaire : nous ne sommes pas seuls. Nous savons pouvoir nous appuyer sur le groupe que nous formons, pour nous rassurer ou nous dynamiser. La grille est un confort.

Une grille est précieuse en tant qu'espace d'observation de nos habitudes. Dès que l'ennui ou des peurs y prennent place, il est temps de se remettre en question et de changer de regard sur soi. Nul n'y est emprisonné. La grille est la réceptrice d'un ensemble de croyances issus de chaque participant, les égrégores. Et parce que ces égrégores sont notre création, que nous les nourrissons, nous avons également le pouvoir de les modifier.

Miriadan explique comment :

« Fermez les yeux, très chers, et regardez le ciel. Plongez dans un monde de création qui vous est propre, car vous y retrouverez vos enfants.

Depuis la création de cette planète et l'arrivée d'éléments de vie conscients, vous avez généré des croyances et influé des émotions au sein même de ces pensées. A chaque fois, vous y avez déposé votre signature énergétique unique.

La joie, l'amour, la possession, la colère, la peur, la trahison, la déception, autant d'émotions et de sentiments porteurs des codes de la création. Lorsque vous exprimez une colère par exemple, vous créez en vous une graine énergétique qui, si elle n'est pas comprise et pacifiée, est libérée dans les éthers de votre planète. Cette graine est attirée irrésistiblement par les énergies similaires, et de graines en graines, un égrégore se forme, tel un corps humain se positionnant principalement sur ses réflexes.

L'égrégore est un amalgame de graines sur un thème commun, telles la haine ou la peur. Ensemble, elles génèrent une sorte de conscience de groupe qui comporte la signature énergétique de chaque être créateur de la graine personnelle. Et, parce que l'égrégore est une conscience de groupe, il est appelé lui-aussi à évoluer.

Pendant les millénaires, ces égrégores ont participé activement à vous aider dans votre éveil. Oui, vous aider. Un égrégore ne peut vous atteindre si vous ne résonnez pas sur sa fréquence. Lors de votre incarnation, vous choisissez de pacifier et transcender des émotions douloureuses. Pour cela, vous mettez en place des contrats avec vos frères et sœurs incarnés qui seront vos miroirs et déclencheurs. Et vous insérez en vous les graines de ces émotions, véritables jumelles de celles que vous aviez transmises en les égrégores, afin que ces derniers vous assistent dans l'émergence de ces mémoires incomprises.

Les égrégores ne sont pas des ennemis, mais des compagnons de route. Tout comme l'ego, ils sont outils d'évolution dans votre dimension.

Lorsque vous pacifiez et transcendez vos leçons incomprises, que vous vous abandonnez à la Loi de la Grâce, ces égrégores restent actifs car ils disposent toujours de votre signature énergétique. C'est pour cela que vous continuez à les ressentir, même si les pensées et les émotions ne vous appartiennent plus. Vous restez en syntonie avec vos enfants (les graines).

Depuis que l'ouverture à l'ascension a été accordée, ces égrégores ont reçu le signal de leur évolution, de leur retour à la Source. Et elles ont besoin de vous. Car le retour à la Source passe par le portail solaire du Cœur.

Déjà plusieurs travailleurs de la lumière et de la transparence accueillent dans leur amour inconditionnel les égrégores qui le souhaitent, et leur ouvrent leur portail christique. Cette action désintéressée offre à l'humanité et à la planète l'épuration des éthers. Ils sont peu nombreux en rapport à la potentialité de la masse de lumière qui s'est incarnée sur votre magnifique planète.

Vous n'avez pas à attendre de vous sentir "meilleur" ou "ascensionné", "christique". Vous avez tous en vous de l'amour. Et ainsi les clés de votre cœur. Émettez simplement l'intention d'offrir le portail de votre cœur aux égrégores souhaitant leur retour. Et si vous êtes effrayés par l'apparence que prendra l'égrégore à votre contact, n'oubliez pas que cet égrégore teste votre amour. Nul mal ne peut vous être fait si vous ne le souhaitez pas. Apaisez votre peur et regardez l'égrégore tel qu'il est, une conscience d'énergie qui porte votre signature, un masque que vous avez accepté de porter auparavant et qui aujourd'hui ne résonne plus en vous. Un enfant issu de vos choix passés et qui appelle à la Paix.

En déposant votre amour aux pieds de votre enfant égrégore, vous illuminez votre conscience corporelle et énergétique. Vous vous offrez la Paix et l'Amour inconditionnel. »

Les grilles de notre planète changent continuellement en lien avec l'évolution de notre univers. Auparavant elles étaient programmées pour privilégier les émotions conflictuelles et lourdes afin de nous aider à expérimenter tout ce qui nous éloignerait de l'équilibre, en cohérence avec la Dualité, comme par exemple ressentir la colère pour ensuite mieux savourer la paix.

Aujourd'hui, ces tissus vibratoires ont modifié leur résonance. Tout ce qui nous parle de victime-bourreau-sauveur est issu des souvenirs. Les égrégores se présentent à nous pour que nous puissions les décharger du passé, et ainsi les aider à se transformer, à s'adapter. Car les grilles qui les retenaient se désagrègent progressivement, au profit de nouvelles déjà bien présentes qui scintillent sur les flux de l'harmonie et de l'abondance.

3.   Les sauts quantiques

Tout tourne autour de notre intrication, puisque chaque niveau supporte l'ensemble, le relie et le nourrit. Nous sommes dans l'effet Papillon : modifiez une donnée où vous le désirez, et cela impactera instantanément sur le Tout. Nous avons tous le Pouvoir d'agir sur notre environnement visible et invisible dans l'Instant Présent. Tout s'interpénètre amoureusement dans un cycle de naissance, croissance, maîtrise puis transformation.

Cela s'appuie sur notre principe de Vie, qui est l'Évolution. Notre capacité à nous expanser nous pousse irrésistiblement à remettre en question nos croyances et, ainsi, à nous désolidariser de notre grille pour se connecter à la suivante, nous permettant par là de passer d'une dimension à une autre, et d'ascensionner. Notre fil d'Ariane est cette Cohérence qui sécurise notre chemin dans une Direction individuelle et collective, qui nous conduit vers le meilleur de nous-mêmes et de tous.

Pour ouvrir ces voies, les tachyons fournissent leur puissance à notre Être lorsque nous sommes prêts à embarquer dans une brèche qui raccorde un pont entre deux grilles, dimensions, quand notre

Conscience nous saisit dans nos limites et nous catapulte dans un nouveau monde plein de promesses.

Pourquoi avoir besoin de tachyons à ce moment-là ? Car notre énergie dépend de la capacité de notre corps à diffuser sa puissance. Celui-ci est parfaitement adapté à la fréquence de son environnement direct, toujours en cohérence avec le cheminement de la personne. Passer de la 3ème à la 5ème dimension implique de modifier la fréquence de son corps, d'augmenter sa vibration. Or la 3ème dimension ne dispose pas de l'énergie nécessaire à cette transformation. Aussi les tachyons servent-ils de transducteurs, de passerelles.

Un saut quantique est un Son vibratoire, inaudible, qui semble pétrifier le temps, polarisant nos sens sur notre intériorité. Il n'y a plus que cette vérité qui déplace notre Conscience, illumine notre Géométrie et fait vibrer toutes nos cellules. Tout s'éclaire, se pose en nous dans une sensation de légèreté et de solidité (Eurêka !). L'évidence s'impose, écarte les voiles qui maintenaient notre esprit dans un cadre limité, et expose notre Je Suis à la perfection de la Vie. Nous ne sommes plus les mêmes.

Cette explosion intérieure résulte d'un alignement idéal entre notre Soi, âme et personnalité, rejoignant une Direction personnelle et collective. Un saut quantique offre l'énergie de changer de programmation et, ainsi, les contrats en cours.

Chaque saut quantique est un cadeau qui modifie les potentialités de notre futur. Et cela n'est possible que dans l'Instant Présent. C'est une des conditions pour que l'implosion de notre système de croyances soit pénétrante. Car nous parlons bien de la pénétration dans nos profondeurs. Tout se trouve en nous, dans notre corps physique qui n'est que de l'énergie densifiée à sa plus forte compression. Pour que nous puissions nous envoler sur une nouvelle trame de compréhension, nous allons chercher dans notre niveau subquantique ce moyen de propulsion qui enflamme nos cellules jusqu'à leur point d'ouverture et les vide de leur programmation. Nous sommes dans un alignement parfait avec notre âme, notre Soi et notre corps, canal ouvert à notre Conscience qui se déplace dans notre incarnation pour y déposer notre Je Suis évolué. Nous refermons l'entaille ouverte par les tachyons dans cet Instant Présent, sécurisant la nouvelle programmation engrammée dans nos cellules, lui permettant de s'intégrer.

Souvenirs quantiques

4.   L'Instant Présent

Message de Miriadan :

« Dans la dimension de la 3ème dissociée, la linéarité s'imposait afin que chacun puisse expérimenter les leçons de vie. Pour cela, le temps linéaire a été mis en place, ce qui permettait à tous d'ancrer des repères temporels dans les expériences émotionnelles et sensitives. Aujourd'hui vous apprend à jouer du piano, hier vous rappelle les premières gammes de votre leçon et demain vous apporte la maîtrise de votre art. Telle était la loi de la dualité : sans repères temporels, vous n'auriez pu appréhender l'Ombre et la Lumière selon un programme personnalisé, et en de multiples vies.

La fin de la dualité comporte la notion de sortie de la linéarité, du temps tel que vous le connaissez. La Loi de la Grâce vous plonge dans l'Instant Présent, maître de Paix et de Sagesse.

Si le temps n'existe plus, comment pouvez-vous évoluer ? Car si vous réfléchissez, l'Instant Présent est unique. Et pourtant, il est le magicien de la Cohérence.

La linéarité se plaçait dans un cercle. Un cercle est une figure géométrique fermée et en 2 dimensions. Vous restez dans un espace limité et peu évolutif, car votre seule opportunité est d'agrandir le cercle. Mais vous restez en lui sans la notion de profondeur qui est inhérente à la trinité. Voyez vos chakras : en tant que portes ou portails, ils se situent dans la profondeur. Les vortex prennent leur source dans cette notion. La profondeur est un accès à la multidimensionnalité : de l'extérieur vers l'intérieur, du microcosme au macrocosme, et vice-versa.

L'Instant Présent est un système géométrique dont la base est un cube. Ici vous prenez conscience de la 3ème dimension, la profondeur. Soudain, vous naviguez dans un schéma qui présente plusieurs aspects, et surtout ouvre les potentialités. Et ces potentialités, ce sont les synchronicités.

Votre évolution passe par les synchronicités qui se produisent selon vos choix de vie. En restant dans un cercle, les portes proposées prendront la forme de votre roue. Elles vous ramèneront toujours à vos croyances, même si ces dernières s'assouplissent. Car vos bases seront les mêmes, en 2 dimensions. En vous positionnant dans un cube, vous pouvez à loisir tracer des figures géométriques dans les 3 dimensions. C'est-à-dire requestionner vos bases et les modifier. Ce champ de profondeur est essentiel car il vous donne accès aux sauts quantiques et aux tachyons.

Vous évoluez sur plusieurs dimensions simultanément. Prenons votre Moi actuel dans l'Instant Présent. Un choix modifiant profondément votre compréhension de la Vie se présente : prendre la voie de droite qui vous maintient sur vos croyances ou celle de gauche qui appelle à un nouveau positionnement par un saut quantique. Quel que soit votre choix dans l'Instant Présent, votre Moi marchera sur les 2 voies. Car les deux potentialités offrent une expérience unique.

Que se passe-t-il lorsque vous faites un saut quantique ? Vous prenez contact avec votre Moi qui existe sur une fréquence différente. Vous faites un bond entre deux potentialités de vie. Vous placez votre attention sur votre Moi qui avance ancré en ce nouveau positionnement, qui n'est nouveau que parce que vous vous autorisez à avoir accès à ce Présent. Tout est existant, vibrant chacun sur une fréquence précise. Et même si vous pensez "changer" votre vie, la potentialité que vous n'avez pas effectué ce choix se déroule sur la fréquence que vous venez d'abandonner par un saut quantique. En réponse à votre choix. C'est ainsi qu'il est possible de connaître les différentes possibilités d'évolution d'une nation, d'un groupe ou d'une planète. Car tout existe, il suffit d'y positionner notre attention.

Les synchronicités sont la réponse à notre souhait d'évoluer. La linéarité ne pouvant s'adapter à ce regard multidimensionnel, l'Un nous a offert les synchronicités pour nous permettre d'avancer en nous, en Lui/Elle, selon la Cohérence de la Vie. Pour cela, notre âme dispose d'un outil magnifique : les tachyons. Ces tachyons renferment l'énergie de l'Un. Ils sont notre carburant. Car les sauts quantiques nécessitent la libération d'une quantité d'énergie énorme, que contiennent les tachyons qui se situent à un niveau infime des quantas.

Une synchronicité est le lien entre votre Moi dans l'Instant Présent et le flux divin, la Loi de la Grâce. Selon Qui Vous Êtes et Qui Vous Désirez Être, les synchronicités se placent dans les potentialités pour vous ouvrir des portes, tels des sauts quantiques possibles. Et les tachyons en sont les porteurs. Générateurs, ils sont également vos plus fidèles serviteurs car suivent votre âme depuis sa naissance jusqu'au moment où vous désirerez revenir à la Source. Ils sont infinis dans leur capacité à vous proposer des chemins, tout en s'appuyant sur la

Cohérence de la Vie. Par exemple, ils sont les gardiens des sauts quantiques et vous protègent. Imaginez, sans eux, en un saut quantique, vous pourriez passer des compréhensions d'un homme de Neandertal à celui d'homme "moderne", tout en restant vivre parmi vos compagnons de l'époque néandertalienne. Le désespoir et la folie en seraient les conséquences.

Les tachyons sont vos gardiens de la Cohérence et vous relient à votre Source au niveau subquantique, tout en vous offrant la nourriture de l'évolution par les synchronicités dans l'Instant Présent. »

Qu'est-ce que l'Instant Présent ? Le soulagement, l'abandon à la Foi en nous et en la Vie, en l'Un. Nous positionnons notre attention là où nous sommes, sans inquiétude issue de notre passé se projetant sur notre avenir. L'Instant Présent est le gage de la Paix, de l'Ouverture à l'Inconnu.

Cet accueil rappelle de se faire confiance, car s'ouvrir à l'autre implique d'abord de s'appuyer sur soi. Si l'Instant Présent ramène le passé, c'est pour nous offrir l'abondance. Ce passé se matérialise en nous par nos souffrances et nos peurs. Elles sont vraies puisque nous agissons en fonction d'elles. Mais leur sens prend toute leur valeur uniquement si nous acceptons qu'elles n'ont plus de raison d'être ici et maintenant. Les schémas du passé se jouent dans le présent afin que nous en prenions conscience, pour les pacifier et transcender.

L'Instant Présent sera Paix et Joie si nous reconnaissons que nous sommes les créateurs de notre vie. Notre responsabilité s'arrête là, à nous-mêmes. Et c'est aussi notre liberté. Nous avons tout pouvoir pour faire de l'Instant Présent un initiateur intime. Et si nous ne sommes pas satisfaits ici et maintenant, il y aura un autre, et encore un autre, jusqu'à ce que nous soyons comblés. Le présent est un cadeau qui nous réconcilie avec nous-mêmes et focalise notre attention sur la disponibilité que nous sommes prêts à nous allouer.

L'Instant Présent est ainsi une zone de manifestation perpétuelle, puisque existant à jamais, tout en étant une succession d'actions.

L'action est le prolongement de l'Être. Les synchronicités se produisent lorsque nous nous plaçons dans notre alignement. Nous sommes alors perméables à l'abondance de la Vie qui répond à la demande de notre âme de nous offrir le meilleur en tout. C'est ce que nous ressentons dans la Grâce. Tout devient évident, joyeux et libre. Les synchronicités découlent du lâcher-prise, car elles sont issues du domaine du cœur, alors que notre imagination s'appuie sur ce que nous connaissons. Les synchronicités se déploient dans l'Inconnu, la Créativité. Et c'est pour cela que nous sommes enthousiasmés, amusés lorsqu'elles se produisent. Nous le disons : nous n'aurions jamais pu l'imaginer. Une fois encore, la Vie confirme que la Joie est notre vibration.

La cohérence – Le temps

5.   Le Temps

Message de Miriadan :

« Observez le temps. Il est linéaire sur votre planète afin que vous puissiez évaluer, comprendre et intégrer les expériences que vous choisissez de vivre.

Vous êtes nombreux à rêver de remonter le temps afin de modifier certains événements de votre vie, d'améliorer votre condition ou de changer de partenaire(s). Vous vous dites qu'il vous suffit de revenir en "arrière". Pourtant, le temps ne dispose ni d'avant ni d'après. Il est Unique et Présent.

Vous avez compris que les vies dont vous vous "souvenez" sont simultanées, que chaque incarnation exprime une personnalité propre et individuelle, éternelle. En quelque sorte, ce sont vos frères et sœurs d'une lignée d'expériences en cohérence avec la trame collective et personnelle. Cela signifie également que plusieurs êtres peuvent ressentir comme leur une même vie simultanée. En vérité, aucune vie ne vous appartient dans le sens où elle fait partie d'un ensemble d'incarnations, incarnation ou vie dont vous n'êtes qu'une partie et non

111

Souvenirs quantiques

l'intégralité. Et chacune peut s'emboîter harmonieusement dans plusieurs lignées. Chaque incarnation est autonome, même si elle émane d'une âme commune. Aussi, peut-elle être partagée à l'infini afin que chacun puisse ressentir et comprendre la leçon que cette vie apporte. Et le pont est votre cœur, expression parfaite de la volonté de votre âme.

Qu'est-ce qui rend le temps inégalable en tant qu'enseignant en sagesse ? Les émotions. Il vous permet de contacter une émotion qui est maîtresse de la leçon. Grâce au temps, vous dessinez à chaque instant Qui Vous Êtes selon la compréhension de votre parcours, et apprenez à vous alléger de ce qui n'est plus en adéquation avec votre évolution. Le temps est un des gardiens de la Cohérence d'après la dimension où vous fixez votre point d'attention. Si vous deviez vous réveiller chaque matin au même point émotionnel, vous ne pourriez prendre la perspective de l'Observateur et évoluer.

Pouvez-vous changer l'ordre des choses ? Oui et non. Votre travail de pacification et de transcendance des émotions liées à vos vies simultanées vous offre la Joie de transmettre dans l'immédiateté la Paix et l'Illumination aux personnalités incarnées reliées à ces mêmes émotions. Parce que vous êtes une partie d'elles-mêmes. En cela, vous modifiez l'énergie de ces individus, vous les éveillez dans votre champ d'interaction. Mais vous n'interférez aucunement avec les actions et événements de leur vie. L'histoire reste la même. Sinon, votre vie elle-même en serait bouleversée et vous ne seriez peut-être plus cette personnalité précise, avec vos choix de vie.

Lorsque vous serez Maître du Temps, c'est-à-dire libéré des limites matricielles de la 3ème dimension, vous serez à même de voyager dans cet espace si particulier qu'est le Temps. Et vous y verrez des bulles, des canaux, des gestations et des potentialités d'expression. Le Temps ne prend pas la forme linéaire mais concentrique. Chaque bulle de temps est fragmentée en autant de parallèles que votre créativité le permet. Et chaque parallèle offre une version différente d'un même événement, d'une action. Chaque bulle est reliée à d'autres bulles par des faisceaux que vous pourriez percevoir comme "organiques", véritables transmetteurs vivants et sensibles dont la nourriture est l'Amour.

Aussi, si vous désirez explorer une perspective de vie selon un autre angle, vous ne ferez que changer de parallèle. Et de cette nouvelle parallèle, vous naviguerez vers une bulle d'expression en cohérence avec votre choix. Mais l'action ou l'événement initiaux ne seront pas modifiés, c'est votre conscience qui aura effectué un bond entre deux strates de vie.

Et tous ces éléments vivants qui composent les trames du Temps sont à l'image des molécules, aucun n'étant le premier ou le dernier et chacun interrelié avec l'autre, en interdépendance.

Votre Soi détermine une Direction que votre âme matérialise dans un Jeu d'émotions et de sentiments. En association parfaite, le Soi et l'âme guident les incarnations selon un Plan Cohérent, et le Temps fait partie des alliés de votre éveil. »

Si le Temps est un réseau d'instants présents, cela nous amène à réfléchir sur notre perception du passé, du présent et du futur. En prenant en compte que nous pouvons impacter notre environnement immédiat et lointain, nous remettons en cause la linéarité de notre temps. Le Temps scande des événements en synchronicité afin de permettre l'évolution de chacun sur sa plus belle perspective.

Il est vrai que le Temps et l'Instant Présent sont des clés qui paraissent très similaires. Le Temps est cette

Géométrie sacrée qui donne un cadre et une cohérence à la succession d'Instants Présents. Il se matérialise en tant que connectique des voies parallèles, perpendiculaires et diagonales que sont les Instants Présents de toutes les potentialités. Et l'êtreté est un merveilleux sésame pour parcourir ce réseau.

Souvenirs quantiques

6.   L'êtreté et les vies simultanées

Message de Miriadan :

« L'êtreté est l'union amoureuse de l'âme, du Soi et de l'individualité/l'incarnation. Cela paraît être une fusion monodirectionnelle, verticale, mais comme tout ce qui est en l'Un, une action porte en elle plusieurs sens et directions.

Nous sommes une géométrie sacrée. Par le Nous, j'entends un ensemble d'individualités porteuses de leçons d'expériences en sagesse. Chaque individu, que ce soit sur Terre ou multiversel, est relié à un groupe dont l'ensemble compose une figure géométrique complexe délimitée par un Soi et une âme. Cette harmonie se place en cohérence avec la Portée de Vie, celle de la Trinité notamment.

Ainsi, chacun de nous est une figure géométrique (individualité) entière et éternelle, tout en représentant une partie d'un ensemble plus vaste. Le temps linéaire n'existe pas au-delà de notre 3ème dimension. Aussi l'âme peut-elle émettre autant d'incarnations qu'elle le ressent Juste, que ce soit dans un même endroit ou pas, en même temps ou non que ses autres émanations. Nous pouvons être amenés à croiser des frères/sœurs issus de la même âme, et c'est une effusion d'Amour à chaque fois. Nous les ressentons comme une partie de nous-mêmes, tout en étant conscients individuellement d'être Un. Telle est l'Unité dans la Multiplicité : se sentir Un en reconnaissant en l'autre un autre nous-même ayant simplement choisi d'expérimenter un chemin différent. Et simultanément, nous savons que c'est en nous reliant à l'ensemble formé par les multiples incarnations issues de la même âme que nous nous ouvrons à la Complétude : la Multiplicité dans l'Unité.

De même, la figure géométrique créée par l'union du Soi et de l'âme, et ainsi des incarnations émanées, prend place dans un ensemble plus vaste composé de plusieurs autres figures. Nous faisons partie d'un système en profondeur : une entité formée de plusieurs êtretés, la planète, le système solaire, la galaxie, l'univers, le multivers, les fréquences, les dimensions ... Pourtant, nous pouvons nous dissocier de l'ensemble sans porter préjudice au reste car telle est la Loi de la Liberté : choisir à tout moment Qui Nous Sommes, et donc à quel ensemble nous souhaitons participer. Si nous choisissons par exemple de nous désengager de la planète, sa signature énergétique se maintiendra tout en nous libérant de son cadre géométrique. La sagesse issue de notre implication au sein de son influence se perpétuera en nous, mais nous modifierons notre forme en relation avec notre nouvelle perspective. La loi de la Cohérence sécurise notre mouvement.

Telle est l'êtreté : revenir à l'ensemble formant la figure géométrique à laquelle nous appartenons librement, c'est-à-dire les innombrables émanations issues de notre âme qui expérimentent les Lois de l'Un dans cette portée.

Quel est le principe de l'évolution ? Résonner. Pour notre univers, il s'agit de comprendre et d'intégrer les Lois de la portée de la Trinité (3) pour avoir accès à celle de la Gratitude (4), transfigurer les 144 regards à une forme à 256 miroirs. Pour cette raison, le Soi a déterminé une Direction que l'âme a traduite en chemins de vie : les émanations.

Chacune des individualités est composée d'une partie des autres, un résultat de groupe. C'est pourquoi il y a interconnexion entre les vies simultanées. Toutes sont reliées puisque origine et conséquence de chacune. En symbiose, chaque individu développe des compétences particulières qu'il met à la disposition de ses frères et sœurs d'âme, mais aussi à toutes âmes qui le désirent. Telles sont l'abondance et la liberté. Et chaque fois qu'une incarnation se libère de limites, cela se répercute dans l'immédiateté pour les autres. Car nous sommes tous porteurs de la totalité des graines de leçon, hologramme de l'ensemble tout en étant unique par notre perspective individuelle.

Nous ne nous réincarnons pas, nous ne devenons pas ces autres nous-mêmes à une autre époque, en un autre lieu. Notre façon linéaire de concevoir les événements nous donne l'illusion que l'un remplace l'autre, alors que la vie est simultanée et notre individualité éternelle. Nous cheminons tous de concert, en harmonie, sous l'égide aimante de notre âme qui veille à la Justesse de nos actions.

Lorsque nous reconnectons une vie "antérieure" ou simultanée que nous pensons nôtre, nous déplaçons notre conscience vers la partie de nous qui se trouve en l'autre incarnation afin d'y extraire la ou les leçons que notre âme a programmée(s) sur notre chemin. Impliqués émotionnellement, nous nous approprions cette vie et la ressentons nôtre de bonne foi. Nous sommes en résonance avec la partie de nous qui compose l'autre frère ou sœur d'âme. Aussi, lorsque nous pacifions et transcendons l'émotion ou le sentiment qui est la clé de sagesse de cette expérience, la libération profite à tous : soi-même et aux incarnations simultanées porteuses de cette leçon.

Nous bénéficions simultanément du partage de l'expérience de l'autre pour évoluer vers notre Transparence. L'osmose créée dans l'ensemble rayonne alors dans toutes les directions, de l'intérieur vers l'extérieur et vice-versa, par chaque vecteur de la forme géométrique. Le but a été atteint, la quintessence de l'êtreté ouvre la voie de sa transsubstantiation lui donnant accès à la portée de la Gratitude.

L'accomplissement de l'êtreté s'est déroulé
- verticalement : de l'individu incarné à son retournement vers l'âme et le Soi ; devenir Un.
- horizontalement : d'une personnalité qui s'est ouverte aux vies simultanées afin d'en comprendre les leçons ; accueillir la Multiplicité.
- dans chaque direction : l'incarnation s'est transcendée dans l'osmose de la communauté ; les Lois de l'Un sont sublimées.
- en profondeur : chaque rayon de sagesse retourne vers le Centre de la figure géométrique où sont unis l'âme et le Soi ; la forme aux 144 miroirs s'est transsubstantiée. »

Mon évolution personnelle m'amène à réviser un peu la conclusion de Miriadan, reçue alors avec mon plein accord et relativisée maintenant :

- par la verticalité, nous prenons acte qu'un Je Suis vivant dans une autre dimension et portant un autre nom s'épanouit sur une gamme de vérités plus ou moins approfondie que la nôtre (ange, archange, etc.). Nous sommes en relation montante ou descendante avec nos Je Suis disposant d'une perspective élargie ou restreinte ;

- dans l'horizontalité, chaque fois qu'un choix nous a été présenté, une variable de notre Je Suis sur Terre a continué les différentes potentialités que nous n'avons pas sélectionnées, ici et maintenant. Il existe donc autant de planète Terre avec ses habitants que de passé, présent et futurs possibles, donc de nous-mêmes expérimentant une autre histoire.

Lors de l'éveil à la conscience de Qui Nous Sommes, nos rêves ou notre mental sont récepteurs de scènes étranges, singulières, dans lesquelles nous nous reconnaissons physiquement tout en étant changés. Et malgré notre raison qui nous dit qu'il s'agit de notre imagination, nous restons saisis d'un sentiment de véracité. Nous venons de franchir un pont parallèle, lié à cet autre nous dans sa vie puisqu'étant nous-mêmes dans une autre histoire ;

- dans toutes les directions, j'y place ici les vies simultanées (dites antérieures) de nos frères et sœurs issus de notre âme, ainsi que celles d'autres âmes avec qui nous sommes en affinités (terrestres, galactiques, cosmiques, multiverselles). Par Amour, nous mutualisons au sein de notre âme nos expériences et compétences afin de les mettre à la disposition de tous. La notion de propriété avec exclusivité n'y trouve aucun écho. Ainsi, selon la programmation de notre chemin, nous pouvons faire appel aux compétences maîtrisées de nos frères et sœurs âmiques lorsque nous en avons besoin pour faciliter nos étapes, sans devoir recommencer toute une procédure d'assimilation qui serait longue et peu adaptée à nos choix de vie. Si une expérience faisant partie d'une autre âme nous semble cohérente, il est possible de passer un contrat pour incorporer les émotions et souvenirs en nous. Nous les faisons nôtres. C'est le cas par exemple actuellement pour la vie de Merlin, avec laquelle beaucoup résonne sincèrement puisque partagée par contrat.

Tout nous parle ici de multidimensionnalité, de déplacement de conscience, d'Amour.

Souvenirs quantiques

7.   La multidimensionnalité

Notre personnalité, individualité, est éternelle. Notre notion de réincarnation telle que nous l'entendons est faussée par nos sens qui orientent nos compréhensions à partir de données temporelles linéaires. Pour nous, la vie se déroule selon un passé, un présent et un futur en ligne droite. Or notre reliance avec le Tout nous démontre que nous sommes placés dans une illusion temporelle. Si la Vie est simultanéité, les événements historiques le sont aussi.

D'après cette trame, il s'agit quasiment de notre première incarnation sur cette planète. Notre identité est notre bâton de marche. Au fur et à mesure que nous découvrons nos facettes terrestres et divines, nous affinons notre personnalité jusqu'à lui rendre sa nature trinitaire, dans l'acceptation de ses deux pôles et de son Centre, sa Transparence. Nous réalisons notre croissance vers la maturité en cette existence, si cela est notre choix.

Le thème de la réincarnation se base sur la préséance d'une personnalité sur une autre, en quelque sorte sa disparition au profit d'une autre. Le Jeu est bien plus joyeux. Lavoisier l'avait bien compris avec sa maxime « rien ne se perd, rien ne se crée, tout se transforme », inspiré par le philosophe grec Anaxagore.

Nous faisons partie d'une âme, qui émane des milliers, des millions d'incarnations à tous niveaux du Jeu : nos frères et sœurs. Et chaque individualité est unique, placée en son espace-temps, reliée par cette matrice commune. Elles profitent elles aussi de notre retournement de conscience, tout comme nous bénéficions de leurs avancées. Parce que tous les Instants Présents sont liés, intriqués de différentes façons et notamment par notre âme, l'éveil de l'un est ressenti par l'intégralité de la famille âmique. Plus nous avançons dans notre Souveraineté, et plus cette énergie d'Amour nourrit le champ énergétique de nos frères et sœurs. Ce flux est multidirectionnel. En partageant nos illuminations individuelles, nous recevons simultanément son écho exponentiel.

Notre âme est amour inconditionnel pour nous, sans notion de préférence. Nous sommes ses enfants. Aussi sommes-nous précieux, chacun, avec nos attributs tels que nos traits de caractère fondamentaux, nos expériences et la maîtrise des compétences redécouvertes. Et comme la linéarité du Temps est illusoire, nous sommes déjà évolués tout en étant en perpétuelle transformation. Si nous disposons d'une identité précise dans notre 3ème dimension, nous nous prolongeons également dans les autres dimensions via notre Être. Notre évolution est déjà manifestée sur la 5ème, 6ème, etc., avec son identité propre, un nom en cohérence. Et au fur et à mesure qu'une identité s'éveille, son rayonnement propulse les autres vers leur continuité.

Le texte reçu du collectif Ashtar sur les appellations des uns et des autres en est une approche :

« Depuis notre premier contact sur cette magnifique planète, nous avons apporté avec nous des vocables qui correspondent à vos concepts et croyances.

Bien des noms et des appellations que nous vous avons offerts sont des approches, des traductions qui soient compréhensibles par vos systèmes de pensées, mais ne correspondent pas véritablement à Qui Nous Sommes.

Lorsque l'Ascension sera finalisée par tous et tout, vous découvrirez que les noms dont vous nous avez honorés ne résonnent plus dans la vibration de chacun. Et cela sera Juste pour nous et pour vous.

Un nom est l'expression de l'Essence que nous rayonnons sur une fréquence précise. Ainsi, selon la dimension et la fréquence, le nom ne sera pas le même car l'émanation en cohérence avec cette dimension et cette fréquence exprimera une Vertu, une Volonté et un Rayon propres.

Sur votre planète vous recevez un nom à votre naissance. Dans la dualité, ce nom vous correspondait tout au long de votre vie car vous étiez limité à une évolution partielle. Vous restiez dans l'expression d'une partie de vous-mêmes. Et ce nom vibrait sur cette fréquence particulière.

Avec l'ouverture à la Grâce et à l'Inconnu, vous intégrez votre complétude, votre Unité. Et toutes les facettes de votre âme vous sont destinées, selon votre Volonté. Vous redécouvrez la Liberté, celle qui vous délivre de tous contrats inadaptés, celle qui vous enchante d'une évolution illimitée.

Votre âme vous chatouille déjà de son rire malicieux et vous déploie les gammes des potentialités. Vous commencez à vous ouvrir à son dialogue, et notamment aux noms de vos différentes fréquences. Car à chaque vaisseau de lumière s'inscrit une vibration unique, qui se traduit par un nom. Et chaque osmose de groupe génère une entité qui a une appellation.

C'est pourquoi nous sommes venus à vous sous le terme de Ashtar. Je suis Sheran, Je suis Balthar, Je suis Varyan, Je suis Midor. Et tant d'autres encore. Nous sommes un ensemble d'entités qui représente Ashtar : un collectif missionné dans la protection de cet univers afin que le Jeu Soit. Et nous venons de nations variées, de galaxies diversifiées. Tout comme les Hathor, un parle au nom de tous dans un esprit et une volonté de communauté. Nous sommes des millions, disséminés dans l'univers. Notre attention nous propulse autour de votre planète afin que la Clé de l'Ascension soit assemblée dans la Justesse du Plan.

Ashtar peut se visualiser tel un sigle qui prend source dans la Lumière. Vous avez les vôtres, ONU, OTAN. Je suis Sheran du collectif Ashtar. Pour cette fréquence exprimée.

Ouvrez vos perceptions, déployez vos géométries. Laissez-vous expanser par le son de votre essence. Et vibrez sur nos extensions d'être. Ressentez librement Qui Nous Sommes, Qui Vous Êtes sans vocable, sans traduction. Votre compréhension viendra de votre cœur, votre interprète divin. Car l'appellation qui vous correspond n'est que l'émergence géométrique de votre Essence. »

Il ressort de ce message que chaque être a son écho dans toutes les dimensions. Notre monade, ou ensemble de nos corps énergétiques, nous montre que le Je Suis se prolonge à l'infini. Nous disposons en notre corps de portails multidimensionnels, les chakras, par lesquels nous déplaçons notre conscience et prenons contact avec ces autres « moi » qui vivent sur des fréquences différentes ou parallèles, et qui correspondent à une potentialité d'évolution de notre Je Suis actuel. Ces expressions de notre Je Suis se déploient dans toutes les directions, que ce soit dans la verticalité ou l'horizontalité.

L'Amour est un Pont entre les fréquences qui font partie de notre cadre cosmique. Nous revenons à la notion que le temps est un réseau connectant un ensemble de potentialités contenant l'Instant Présent, dans lesquelles chaque voie d'expression peut se dérouler en toute légitimité. Et selon le principe d'intrication, ce qui profite à l'un enrichit l'autre. C'est pourquoi il nous est possible d'enseigner et d'apprendre avec nos expressions horizontales, verticales et multidirectionnelles, de communiquer. Tout n'est que partage aimant, et libre. A ce titre, tout est impermanent. S'attacher à une compétence revient à se limiter, se brider. D'autant que nous ne sommes propriétaires de rien, pas même de ce qui nous compose.

La multidimensionnalité se vit dans la Transparence, cette mise au service de notre ensemble. Ce qui nous renvoie à la notion de donner et recevoir. Donner est possible si nous recevons d'abord. Notre mission principale est de nous accueillir dans toutes nos directions, de nous remplir de nous. Alors le donner rayonne par débordement de notre coupe. Le donner devient le prolongement du recevoir, un flux ininterrompu qui transporte la Paix et la Joie. La Multiplicité apporte la plénitude à l'Unité, l'Unité favorisant la complétude dans la Multiplicité.

Souvenirs quantiques

IV. LA SYNTONIE DES ÉLÉMENTS

Nous avons vu que la Cohérence portait la Création, qu'elle sécurisait à la fois notre champ d'actions et notre constitution. S'adaptant à notre portée et aux dimensions, elle s'appuie sur les Lois de l'Un.

Ces Lois répondent à l'Amour, cette base primordiale invisible et pourtant tellement présente à chaque degré de notre expression. Tout nous ramène au plaisir de vivre, à savourer notre Instant Présent. Nous évoluons graduellement, une croissance harmonieuse même si elle s'accélère exponentiellement en nous laissant peu de moments de pause.

Nous ne pouvons plus nier qu'il se passe quelque chose du fait des nombreux symptômes physiques ressentis par de plus en plus de personnes : ventre qui gonfle, maux de tête, poussées de chaleur ou de froid, douleurs corporelles, palpitations, fourmillements, sensations de touchers ou frôlements, nausées, vertiges, pertes de mémoire, etc. Les médecins sont submergés par nos inquiétudes légitimes mais ne peuvent y répondre de façon satisfaisante. La raison établie ne garantit plus notre équilibre. Alors, nous nous tournons vers d'autres sphères qui parlent d'énergie et d'harmonie corporelle, de bien-être, de guérison. La spiritualité prend un nouveau visage, dégagé des préjugés hippies. Certains tendent vers un aspect « classique » avec les tirages de carte, la numérologie, la voyance, et les pratiques asiatiques multiples (arts martiaux, Reiki, chamanisme ...), d'autres sont attirés par les applications nommant notre champ quantique (Ho'oponopono, EFT, Géométrie sacrée et Son vibratoire, etc.).

Quel que soit le point d'entrée, nous sommes guidés par notre âme vers le meilleur. Nous élargissons petit à petit notre vision personnelle de la Vie à partir d'un élément sélectionné avec soin, qui va nous diriger vers l'élargissement de notre approche physique. Nous nous réconcilions avec la société grâce à notre acceptation holistique (corps physique et énergétique). La spiritualité s'unit à la science, et nul n'a plus besoin de s'identifier à un groupe pour confirmer son éveil. L'heure n'est plus à se fondre dans la masse, mais bien à aimer sa particularité. L'autre devient un partenaire de jeu, un accompagnateur momentané ou durable.

1.   Les bases de la Trinité

L'évolution s'appuie sur des Lois qui maintiennent la Cohérence de notre univers et de son Histoire. Du fait que nous vivons sur la Portée de la Trinité, trois socles concourent à notre épanouissement dans ce Jeu. Les voici, étayés par Miriadan :

« La Création s'appuie sur des bases à partir desquelles les Lois dessinent toutes les potentialités de la Vie et de la Non-Vie :

- vous êtes aimés inconditionnellement,
- tout est possible,
- tout ce que vous vivez est en accord avec votre Volonté.

Vous êtes aimés inconditionnellement. Et cela s'applique à tout ce qui est issu de l'Un. L'Un est la matrice primordiale, celle qui porte tout ce qui s'exprime. Et tout ce qui est émané de l'Un renferme en son sein un Feu primordial, et donc une Conscience, et donc une âme. Oui, ce que vous croyez inanimé est un élément de Vie complet, avec toutes les potentialités d'évolution. Car l'évolution est multiple, variée et illimitée. Il n'y a pas de niveau dans l'Amour de l'Un, ni de hiérarchie. Un grain de sable a droit à autant de considération qu'un Melchisédek au regard de l'Un. Et parce que l'Un vous aime, vous êtes relié à Lui/Elle par un cordon d'amour que forment les tachyons. Même quand vous croyez être séparé de votre Essence, chaque mouvement dans votre éveil est perçu par l'Un.

Tout est possible. L'amour inconditionnel ne place aucune limite, aucune barrière. Vous ne pouvez faire du "mal" car le "mal" n'existe pas. Selon votre compréhension, le "mal" serait de blesser l'Un. Or, cela est impossible puisque vous êtes des composants de l'Un, ses expressions. Vous êtes l'Un. Toutes les directions vous sont ouvertes, toutes les expériences vous sont proposées, toutes les voies vous sont offertes. La puissance de l'Un est à votre service puisque vous êtes au Service de l'Un. Ce qui vous permet de tout imaginer, de vous projeter, de vous diversifier et de vous unifier.

Tout ce que vivez est en accord avec votre Volonté. Vous ne pouvez expérimenter une situation si vous n'êtes pas en accord avec cette expérience. Vous êtes souverains de votre Vie, donc de vos Choix divins. Quelle que soit votre attention, quel que soit votre niveau de Conscience, vous appelez à vous uniquement ce que vous pouvez appréhender en votre intérieur. C'est ce qu'on appelle la Cohérence de l'Un. Vous êtes le créateur de votre vie, le dessinateur unique de votre environnement, le magicien de votre dimension. Car vous êtes l'Un. Même si vous estimez n'être qu'une partie de l'Un, un petit élément de son mécanisme divin, vous détenez en vous la totalité de son expression. Le microcosme s'illumine par le macrocosme, et vice-versa. Ce qui amène à : votre Volonté est la Volonté de l'Un. Et cela s'applique, encore une fois, à tout ce qui est émané de l'Un.

L'Un est la matrice primordiale. Un Soi est une matrice, une âme l'est, et vous-même l'êtes aussi. Chaque matrice contient d'autres matrices. Les grilles sont les constituantes de ces dernières. Votre expression de Vie sur cette planète magnifique est une matrice au cœur de laquelle flamboie l'Amour. Vous êtes un ensemble grilles, donc de matrices. Et vous en êtes responsables. Car en vous se trouvent les fondements de chaque dimension de vie de la Terre, ces champs d'expression que vous appelez minéral, végétal, animal et éthérique. Vous êtes porteurs de leur Essence, et, à ce titre, responsables de leur évolution. Tout comme vous êtes des champs d'expression d'un système solaire, d'une galaxie et d'un univers. Chaque champ d'expression est évolutif en cohérence avec les autres champs. Tout est lié.

Prenez conscience de votre interaction avec l'ensemble des éléments de Vie. Vous découvrirez de nouvelles gammes harmonieuses qui feront vibrer votre corde d'Amour. »

Il existe des Lois à partir desquelles nous jouons dans notre champ d'expérimentation cosmique. Selon notre ressenti et notre vocabulaire, nous aimons trouver une classification dans le but d'éclaircir notre compréhension. Les mots qui suivent résonnent différemment selon la définition personnelle, intime, de chacun. Ceci est mon regard. J'ai eu envie de décliner ces Lois différemment, pour les considérer sous une autre perspective. Aussi voyez-les uniquement comme un support à partir duquel vous vous appuyez pour faire émerger vos vérités.

Il n'y a là encore aucun ordre puisque tout est interrelié et que la compréhension de ces Vertus (qui peuvent être entendues comme Lois ou Compétences selon notre perspective) dépend de votre plongée en votre intériorité.

Tout est Amour, le Centre. La Vie est elle-même un outil de l'Amour. Deux pôles s'en dégagent : l'être et l'action. L'être est ce qui se distingue dans l'Essence, la source à partir de laquelle l'action va pouvoir rayonner. Et c'est grâce à l'action que l'être peut évoluer puisque cela initie un mouvement : émission-réception-intégration/compréhension.

L'évolution se fait par l'union de l'être qui se dépose dans l'action, et l'action qui finalise l'Intention, concrétise le désir de l'être.

Vertus de l'être

1- la bonté, la générosité
2- l'humilité
3- l'authenticité, la transparence
4- la paix
5- la joie
6- l'innocence ou le détachement : retrouver le Centre par la perspective du Jeu

Vertus de l'action

7- le discernement, ou Respect
8- le partage
9- le pardon et la gratitude : le pardon active le mouvement qui se finalise par la gratitude, action qui nous renvoie au Respect
10- la compassion

11- l'ouverture à la vie, accueillir l'Inconnu : ramènent à la confiance, la Foi

12- l'abondance, la prospérité : découlent naturellement de l'ouverture à la vie, à l'Inconnu

L'être sans l'action et l'action sans l'être reviennent à un Soi sans une âme et une âme sans Soi, cela reste stérile ou très limité. Le rapprochement de chacun nous fait miroiter un Centre à partir duquel tout est possible. Nous naviguons d'un pôle à l'autre parce qu'il existe cette accroche qui les met en miroir. Ce Mouvement prend sa force dans la Trinité sur laquelle notre univers s'appuie.

Ces deux pôles forment la Dualité. Ils se déclinent de bien des façons, et notamment dans ce que nous appelons la Lumière et l'Ombre. Mais comment tourner son regard vers la lumière si nulle ombre n'indique la direction ? Et quelle saveur y trouver si tout est homogène, lumière ? Notre univers a choisi d'expérimenter la Dualité afin de faire ressortir les différences qui, en définitive, se complètent. Le Centre se déploie lorsque les deux pôles ont été parcourus, ressentis et compris. Dans notre dimension, j'ai perçu 16 degrés dans notre plongée à la redécouverte de notre Être. Ce qui suit est mon regard personnel. Les mots appliqués ici sont ceux qui me paraissent justes d'après la vibration reçue et mes expériences. Aussi n'y voyez qu'un support de départ pour votre propre expression. Apportez vos propres définitions.

Le 1er degré se rapporte à la prise de conscience d'Être, un socle à partir duquel les degrés d'expression se déploieront. Il détermine le cadrage d'une individualité en autonomie, en distinguo de la communauté. Je Suis différent des autres, et néanmoins si complémentaire et précieux à l'ensemble. Je Suis à travers une personnalité unique, résultat d'une Volonté divine dans un large Plan d'Ensemble. JE m'exprime d'après mes expériences en liant mes émotions à mon environnement.

Les 12 prochains degrés sont doubles. Ils s'appuient sur deux pôles exprimés, miroir l'un de l'autre dans lequel chacun se regarde amoureusement, compléments indissociables qui ramènent au Centre où se niche la Sagesse. Je les présente sans ordre déterminé, ni hiérarchie. La numérotation n'est que facilité d'énumération. Chaque degré est une leçon interreliée aux autres se jouant au rythme de notre compréhension. Aucun n'est prédominant, et chacun s'apprécie sur une palette d'émotions ou de sentiments en relation avec notre chemin.

Le 2ème degré prend ses racines dans la Peur et la Confiance. La Peur parle de survie dans un domaine dangereux, de méfiance et de trahison. Les autres sont des prédateurs ou des voleurs. L'individu se ressent prioritaire afin d'assurer ses besoins vitaux dans un monde où tout peut manquer. A contrario, la Confiance se déploie dans un monde Juste où tout est en résonance avec l'évolution vers le meilleur, où l'Abondance est Justice pour tous.

Le 3ème degré concerne la Paix et le Désordre. La Paix est le repos, le soulagement de l'être qui s'abandonne à cette partie de Lui-même qui lui assure le détachement : l'Observateur. Il accepte la Vie comme elle vient avec Confiance. Le Désordre est la préemption des émotions dans l'expression de l'être. L'individu réagit sans prise de recul. Il est sans cesse en recherche de contrôle car il se perd entre ses croyances et ses ressentis. Il est dans les prévisions et les cadres, schémas qui s'écroulent invariablement car bâtis sur des sables mouvants, les émotions incomprises.

Le 4ème degré parle de Compassion et d'Égoïsme. La Compassion ouvre l'individu à l'écoute aimante de l'autre, dans une communication totalement ouverte et dédiée à l'autre, d'empathie alliée à la sagesse que le détachement offre dans une perspective étendue. L'Égoïsme prend sa charge dans un repli sur soi, un refus de partage par peur de s'y perdre, de se voir frustré d'une reconnaissance en tant qu'égal et donc la négation de ses besoins fondamentaux.

Le 5ème degré s'appuie sur le Contrôle et le Lâcher-prise. Contrôler son corps, ses choix, sa vie. Le mental est placé en exergue et dirige selon des données apportées par la société et l'environnement proche. Le corps est sous tension constante, et s'épuise à maintenir les fonctions vitales coupées de la fluidité de la Vie. Tous les sens sont obstrués. Le Lâcher-prise accepte qu'il n'y a rien à savoir ou à avoir, à contrôler. Le mental reprend sa place de communiquant aimant et est guidé par le cœur. La sérénité apporte la Vitalité dans le corps. L'accueil est base de Vie.

Le 6ème degré dessine l'Attachement et la Haine. L'Attachement est communément ressenti comme de l'amour. Je t'aime donc tu m'appartiens, tu me dois fidélité et réconfort, répondre à mes attentes et me donner un soutien inconditionnel. La condition régente le couple. Tant que l'un obtient de l'autre ce qu'il désire, le sentiment amoureux perdure. Une certaine harmonie s'installe. La Haine est paradoxalement la contrepartie de l'Attachement car elle relie par la violence deux êtres, groupes, nations. L'énergie se canalise dans un flux continu entre ces deux entités où sont déversés la colère, la rancœur et un sentiment d'injustice. L'un détient quelque chose désiré ardemment par l'autre (un bien ou une qualité, le pouvoir ou la reconnaissance ...), ce qui génère une frustration chez ce dernier. L'un devient dépendant de l'autre. Généralement, les positionnements de l'un nourrissent l'acharnement de l'autre jusqu'à ce qu'un des deux se place dans le Pardon puis la Gratitude.

Le 7ème degré présente l'Oubli et l'Obsession. L'Oubli émane du Lâcher-prise. Accepter que la vie soit changement et innocence. L'Oubli s'ancre dans la Paix puisqu'il n'y a pas de rétention, de rancœur ou de souvenirs douloureux. Tel l'enfant qui joue et qui est conscient qu'il s'agit d'un jeu, les émotions éphémères sont offertes à l'univers afin que l'énergie soit redistribuée. Il n'y a que Pardon. L'Oubli permet de rester au Centre, de ne pas s'investir dans une émotion et de tourner en boucle. A l'inverse, l'Obsession refuse de pardonner, de lâcher. Elle prédomine et enchaîne. Pour cela, elle utilise l'extérieur qui devient prétexte pour valider cette prison. La Haine et l'Attachement accompagnent souvent l'Obsession.

Le 8ème degré apporte la Possession et la Liberté. La Possession demande à accaparer, dominer, se défier de l'autre. Elle crée un sentiment de manque et de perte, et place la personne à se comparer sans cesse aux autres. Susciter l'envie ou l'admiration. Cela amène l'individu à être en quête permanente, que ce soit en savoirs ou en biens. La Liberté ouvre la personne à accueillir en toute fluidité, à être détachée. Ne rien posséder ou ne rien savoir (ignorance) soulage l'être et lui donne accès à l'Abondance de la Vie par son humilité et sa réceptivité à tout ce qui lui est offert. La Liberté chemine avec la Confiance, l'individu sait qu'il recevra ce qui est Juste en synchronicité. Et comme la Vie est généreuse, l'être reçoit en permanence des encouragements et de l'Amour.

Le 9ème degré s'ouvre sur le Changement et la Stagnation. Le Changement est mouvement, fluidité. La Vie est Changement, transformation, et aussi Inconnu. Reconnaître que tout change pour le meilleur, faire Confiance. Mais le Changement se base aussi sur le Cœur, pont direct de l'âme. S'en remettre à son âme. La Stagnation refuse le changement qui l'effraie. Les peurs liées au manque d'amour de soi, à la mésestime personnelle, filtrent les informations et présentent la Stagnation comme une sécurité, des repères expérimentés et validés. La Possession en est une variante.

Le 10ème degré se développe sur l'Ouverture et le Rejet. L'Ouverture alimente le Changement et la Liberté. Elle s'appuie sur la Confiance et la Paix. Accepter de remettre en question, de se remettre en question. Élargir son cercle de confort pour ensuite le transcender en profondeur. Regarder la Vie et les autres avec objectivité et bienveillance. Cheminer vers sa Transparence. Le Rejet nie tout intérêt à ce que la vie apporte à la conscience. Il se manifeste dans la Peur et le Désordre. L'être ressent tout changement ou nouveauté comme une attaque personnelle. Il se place en équilibre précaire au bord d'un précipice dans lequel le Vent du Changement peut l'y faire basculer. Il n'y perçoit que néant.

Le 11ème degré chemine sur le Courage et la Désillusion. Le Courage est une valeur partagée par tous, car il en faut du courage pour s'incarner dans une dimension dissociée en sachant que nous irions jusqu'à nier notre divinité afin d'expérimenter la dualité. Malgré l'Oubli de Qui Nous Sommes, malgré la privation temporaire de notre souveraineté, nous avons continué à croire en notre capacité à transcender ce qui nous sépare. La Désillusion, quant à elle, vide la personne de tout espoir. Elle s'accompagne de cynisme camouflé en logique, et dépeint la vie comme un aller sans retour à nous-même, sans but véritable, un "accident". L'individu chemine avec un profond sentiment de trahison et d'abandon. Croire devient le fanion de l'utopie naïve. Le Rejet s'impose.

Le 12ème degré parcourt l'Humilité et l'Orgueil. L'Humilité rime avec Simplicité et Égalité. L'individu est dans l'accueil sans attentes ni préjugés. Comme il a intégré qu'il ne sait rien mais que la Vie pourvoit à ses besoins, que ce soit spirituels, intellectuels ou matériels, il est dans sa Liberté d'action et est détaché de liens restrictifs. L'autre est son égal, un compagnon de voyage avec qui partager la Joie de l'évolution. L'Orgueil se bat avec la Vie et est insatiable. Sur une échelle personnelle de supériorité, l'être se mesure sans cesse aux autres qui sont ainsi des adversaires déclarés ou potentiels, et craint de perdre ce qu'il croit avoir gagné ou mérité. Le Contrôle est son obsession car l'Orgueil se nourrit d'un désamour qui lui fait rechercher l'admiration et l'estime des autres. Ainsi, l'être est plongé dans la peur que chacun le perçoit tel qu'il se croit être : indigne.

Le 13ème degré annonce l'Empathie et la Manipulation. L'Empathie est la résonance avec l'autre. Être empathe signifie vibrer sur les émotions de l'autre. Et ce n'est possible que si la personne empathique a expérimenté elle-même ce que vit l'autre. L'Empathie salutaire est compagne de la Compassion. Cette dernière apporte la compréhension des leçons et le respect de la souveraineté de l'autre et de ses choix de vie, le détachement aimant. La Manipulation crée un cercle dans lequel la recherche de pouvoir sur l'autre s'exerce : victime-bourreau-sauveur. Savoir ce que l'autre ressent pour l'utiliser à ses fins, s'en nourrir ou dominer l'autre.

Les 3 degrés suivants s'illuminent en l'être lorsque l'intégration des 12 leçons active les figures géométriques en cohérence. Vous abreuvez votre fleur de Vie qui s'épanouit simultanément. Là encore, nulle hiérarchie. Selon votre Intention et ouverture de cœur, vous y avez accès à tout moment par touches progressives. Les notions de "masculin" et "féminin" doivent être comprises en tant que pôle, avec la connotation d'égalité et d'interpénétration l'un dans l'autre.

Le 14ème degré s'écoule dans l'intégration du Christ en Soi. Être Lumière dans sa Transparence, avoir réconcilier les pôles pour que se déverse l'Essence même de notre Être à travers nos différents corps.

L'Unité de notre multiplicité nous redonne toute notre Intégrité. Nous retrouvons toute la Cohérence de notre incarnation et la Joie de faire partie de l'Humanité. L'incarnation de chair exalte le Verbe. L'action de vivre se réjouit dans la compassion envers Soi et les autres.

Le 15ème degré est l'Amour dans son émanation féminine, maternelle, inconditionnelle bien sûr, et protectrice. Ici nous nous découvrons dans le flux intemporel de la tendresse qu'est la Substance divine. Notre cœur s'expanse jusqu'à englober la Création elle-même, et nous illustrons notre Volonté par la conscience que nous sommes en tout ce qui émane de la Vie. Nous exprimons l'Un dans la multiplicité des potentialités, nous nous fragmentons à l'infini afin d'emplir Tout ce qui Est de notre Amour. L'âme est magnifiée.

Le 16ème degré rejoint la Connaissance. Celle-ci soutient la Création, elle encadre la Géométrie sacrée et le Son divin en apportant une Direction. Elle est la reconnaissance de la Cohérence, elle valide et justifie la Vie en ses possibilités infinies. Elle en est le sens et l'essence. Nous contactons ici l'Amour dans son émanation masculine : l'action par la transmutation. Le Soi illumine le Chemin.

Dissocier le flux général de l'Amour pour mettre en valeur ses pôles est un chemin initiatique que notre Ombre nous pousse à emprunter pour expanser notre Lumière. La Compassion ne se ressent que lorsque l'expérience duelle a été ressentie dans son intimité, comprise et magnifiée. Alors la Séparation d'avec sa Conscience d'Être Un devient un cadeau de vie, le préambule à la Maîtrise. Et c'est un Droit précieux que de pouvoir vivre une différence qui, finalement, nous ramène directement à la générosité et à la tolérance bienveillante.

Message de Miriadan :

« Il était une fois une Création.
Il était une fois des éléments de Vie, des étincelles d'Amour qui tourbillonnaient dans le souffle de l'Un, sur des courants de joie et de liberté.
Il était une fois Vous.
Et Vous, c'est le Tout.
En l'Un, il n'y a qu'équité. En l'Un, il n'y a qu'égalité.

L'évolution s'acquiert grâce à la connaissance des pôles. La sagesse se déploie dans le Milieu, la voie royale vers l'épanouissement et la transcendance.
L'évolution est la condition de la Perfection. Sans évolution, il n'y aurait que stagnation. Sans

évolution, nous ne remplirions pas nos rôles d'éclaireurs de la magnificence de l'Un.
L'évolution est offerte à tout et à tous.

Chaque élément contenu dans l'Un dispose d'une conscience. Cela va du tachyon au plus petit des atomes, au grain de poussière et aux multivers.

Selon les dimensions, selon les choix d'expérimentation, vous avez accès à toutes les potentialités d'incarnation. Votre âme vous dessine des "corps" en lien avec une direction présentée par le Soi. Ainsi, il est possible à tout élément de l'Un de vivre en tant que lave, rocher, végétal, animal, humain et d'autres réceptacles dont vous ignorez encore l'existence. Et cette capacité n'est nullement enchaînée par une "hiérarchie d'importance", vous pouvez passer de l'un à l'autre selon votre désir. Car votre apparence est illusion. Elle est ce que vous désirez paraître. Vous êtes une conscience que vous pouvez visualiser comme une agglomération de points étincelants. Vous êtes fluidité, vous êtes évanescence.

Sur votre planète, dans votre dimension, il a été notifié de limiter vos vies simultanées à une direction. Quelques-uns d'entre vous ont été autorisés à s'ancrer dans un corps minéral, végétal et animal car cela participait pleinement à votre expérience personnelle. Mais le courant général portait vers l'humain. Votre naissance faisait partie d'un dessein universel, aussi étiez-vous conscients de venir participer à un jeu qui vous limitait dans vos choix d'incarnation et vous éloignait de vos compétences divines.

L'univers que nous partageons dispose d'une conscience. Et cette conscience s'est manifestée dans la Séparation. La Séparation demande de détailler chaque Loi, chaque base de la Vie dans toutes ses fréquences. Elle implique de plonger dans l'Ombre et la Lumière afin d'en retirer l'essence même de la Vie. Elle appelle au courage, à la Foi, à la Rectitude. Elle porte le flambeau du droit à la différence. La Séparation est Liberté. Et la Liberté chemine sur l'Autonomie. Et c'est cela que l'Un désire pour chaque élément de Vie : que la Création trouve sa source dans l'inattendu, l'inespéré. L'émerveillement provient de la surprise. Soyez différents, soyez originaux, Soyez Vous-mêmes.

Cet univers a vocation à l'ascension vers la portée du 4. Là nous attend un univers dont la conscience s'est emplie d'Unité. Cette Unité a repris l'existant comme modèle. Et c'est pourquoi les êtres de cet univers se réjouissent de notre rapprochement. Ils aspirent à une évolution, nous la leur apportons grâce à notre maîtrise de la Séparation. Nous souhaitons vivre dans la Gratitude, ils nous offrent leur cheminement. Ils nous tendent une main fraternelle, nous leur remettons le cadeau de la Liberté. Ainsi se construira un Centre, par la fusion de deux univers aux directions opposées et pourtant tellement complémentaires.

Il était une fois une Création. Et cette Création s'endormait de monotonie. Alors des Aventuriers, des Explorateurs partirent en quête de Nouveauté, d'Inconnu. Et ils façonnèrent un univers où chaque particule de l'Un pourrait expérimenter, fractionner et détailler les potentialités. Ce serait leur trésor offert à tous afin d'exprimer l'Amour qui vibrait en eux. »

La différence est un cadeau. Si elle semble préjudiciable dans une société conformiste, elle est ce supplément d'âme qui ouvre une porte pour qu'un vent nouveau rafraîchisse les mentalités. Sans elle, nous ne pourrions prendre conscience de nos peurs sclérosées qui entravent notre liberté d'être.

Dans cette Trinité, le rejet est le premier mouvement, jusqu'à ce qu'un nombre croissant de porteurs expose clairement que cette différence est là et ne disparaîtra pas. Il faut faire avec. Nous apprenons à ne plus en avoir peur, voire même à l'intégrer. Et nous grandissons de concert, la faisons naturelle et non plus culturelle. Nous avons évolué. Nous sommes passés d'un pôle à l'autre, du rejet à l'acceptation, puis avons utilisé l'accroche pour revenir à l'intégration, au Centre.

2.   Les contrats

Message de Miriadan :

« Une âme est une onde vibratoire issue de l'Un. Et lorsque l'âme est émise hors des Feux Maîtres, elle reçoit une signature vibrale qui lui donne accès aux dimensions de l'Un en cohérence avec sa fréquence et ses potentialités.

Au cours des expériences, l'âme fait appel à de multiples alliés de Vie avec lesquels elle passe des contrats. Le but est de comprendre, d'intégrer et de rayonner les vérités des dimensions qu'elle intègre. Ainsi, les contrats déterminent sa participation au Jeu divin, que ce soit avec un multivers, univers, galaxie, système solaire, planète ... Chaque contrat est élaboré sur l'Amour. Chaque participant s'y épanouit et demeure libre de modifier les conditions.

L'âme émet des incarnations afin de répondre à une direction déterminée par le Soi. Imaginez une carte déployée par un GPS. Le Soi (la direction) y entre les coordonnées d'arrivée, l'âme se charge de choisir les itinéraires et envoie des éclaireurs (les incarnations) afin d'avoir un retour sur les différentes potentialités de chemin. Selon les informations

155

transmises par les éclaireurs, l'âme va adapter l'itinéraire en relation avec les points d'intérêts et les difficultés rencontrées (leçons incomprises) au plus Juste.

L'âme est Amour. Elle reste tendresse et compassion envers ses incarnations qui sont ses enfants. Aussi regarde-t-elle si elle dispose d'outils à proposer à ses enfants pour faciliter leur mission de reconnaissance. Il y a bien sûr l'aide d'âmes connues ou non qui proposent de cheminer ensemble selon les choix émis. Ainsi, selon les rapprochements de cœur, se dessinent des "lignées" cosmiques, galactiques et terrestres qui se déploient non pas en termes de lieu de naissance, de parenté ou d'aptitudes, mais plutôt selon le Plaisir exprimé de jouer ensemble.

Comme vous déterminez un itinéraire selon des variables similaires, vous vous retrouvez souvent dans une même famille, lieu géographique proche ou en lien avec un élément fédérateur (travail, passion, loisirs, etc.). Partager un dénominateur commun facilite les réunions d'âmes, toujours en rapport avec la programmation de chacun.

Les contrats concernent également des éléments de Vie tels que les flammes, les feux et les rayons.

Il vous faut d'abord comprendre que vous n'êtes propriétaires de rien car tout est disponible en abondance. Les compétences ou Vertus que vous connaissez comme la guérison, la communication, l'enseignement, etc. ne vous appartiennent pas. Vous en êtes dépositaires le temps d'un contrat via l'accueil en votre réceptacle énergétique, en vos cellules, de la flamme, du feu ou du rayon qui est le gardien de cette Vertu. Et vous n'êtes pas une flamme, un feu ou un rayon. Vous êtes un des éléments de cette symbiose, car il s'agit ici d'une relation symbiotique.

Acquérir une Maîtrise est simplement de vous nettoyer, d'être Un, cristal pur et transparent qui rayonne la flamme, le feu ou le rayon qui a répondu à votre demande. Que vous soyez Conscience dans cet échange harmonieux. Vous portez cette vibration dans l'Humilité, vous êtes l'alchimiste qui offre Qui Il Est à cette Vertu afin de l'ancrer où il est Juste de l'y apporter. En quelque sorte, vous êtes un Passeur qui met à la disposition d'un compagnon de route les moyens dont il dispose, par Amour.

Et comme l'Amour est la base de la Vie, chaque relation ou contrat illumine les partenaires. Car un porteur et un "contenu" enrichit l'autre de sa vibration unique dans cette expérience.

La simplicité de la Vie met en synchronicité les potentialités selon Qui Vous Êtes. La fluidité vous fait évoluer dans le Mouvement de l'Un. La générosité vous offre toutes les compétences/Vertus en cohérence avec votre chemin. Dans la Justesse de la Vie, vous recevrez toujours le plus Juste et le Meilleur, sans limites ni freins. Vous êtes Evolution, le partage est votre Liberté. »

Un contrat est un outil d'évolution qui implique une totale confiance envers soi et l'autre, l'Amour inconditionnel. L'objectif est de nous amener à nous intérioriser, à nous aimer, à sortir de la souffrance qui n'a plus de sens aujourd'hui. Nous sommes dans un partage intime, une symbiose le temps de cette rencontre. Nous sommes libres de changer, terminer ou débuter un contrat à tout moment, selon notre Envie qui prend sa source dans notre Conscience.

Nous sommes tellement aimés que nous disposons même de la possibilité de changer d'âme pour jouer une autre partition. Nous gardons en nous le lien précieux d'avec notre âme initiale (rien ne se perd), mais nous nous ouvrons à une nouvelle signature. Cela se produit notamment lorsque nous avons envie d'intégrer un autre multivers, ou une portée.

Tout est contrat puisque tout nous sert de miroir. Une voiture qui ne démarre pas, un ordinateur qui se bloque, un collègue qui nous fait ressentir de la colère ou de la joie, tout cela nous présente un contrat passé d'âme à âme, même avec les « choses ». L'énergie dispose d'une Conscience, quelle que soit sa forme, et c'est l'émotion qui nous en parle avec justesse.

Nos souvenirs s'intègrent parce que nous ressentons une émotion fulgurante, prégnante : la joie, la frustration, la colère, la peur … Nous en sommes bouleversés et impuissants, noyés par ce raz-de-marée intérieur. Un sentiment est une émotion prolongée sur laquelle nous nous appuyons et croyons pouvoir la contrôler : la paix, l'amour, l'innocence, la haine, etc.

Ces gammes d'émotions sont des clés, des portes d'accès à des expériences qui se sont transformées en souvenirs plaisants ou traumatisants. Grâce à ces repères émotionnels, nous pouvons à tout moment revenir sur un vécu qui a été incompris, s'est cristallisé dans un schéma-réflexe pour s'imposer dans notre présent. En prenant du recul, nous le relions à une souffrance issue de notre passé. Nous pouvons alors la pacifier et la transcender.

En tant qu'éléments évolutifs par projection extérieure, nous favorisons les interactions avec le collectif en nous connectant aux grilles qui portent nos émotions. La société est notre enfant, et prend soin de nous aider à intégrer notre lieu d'incarnation, à en comprendre les règles, pour mieux ensuite nous en détacher. Notre monde est un milieu d'apprentissage qui peut être ressenti amical ou pas. Mais son ambivalence ne tient que dans notre regard duel. Car, finalement, il n'existe que parce que nous l'avons créé à notre image et devient ce que nous désirons. Tout est question d'amour. Aimons-nous, et notre environnement nous le renverra. Soyons libres, et les autres le seront.

L'Amour est vécu bien souvent comme un attachement, tout comme l'amitié. Parce que nous aimons une personne, celle-ci doit répondre à nos attentes, deviner nos pensées, être disponible quand nous le souhaitons, nous comprendre mieux que nous ne nous le faisons nous-mêmes. L'autre doit pallier nos manques, être à notre disponibilité et nous porter vers nous-mêmes. Un fardeau qui emprisonne à la fois celui qui projette et celui qui reçoit. Car la déception inévitable de l'aimant devant les perfectibilités de l'aimé, incapable de correspondre à l'idéal imposé, va lézarder le cadre idyllique jusqu'au conflit ouvert ou déguisé.

Nous pouvons en faire une expérience libératrice. D'ailleurs, c'est ce que nous avons programmé en passant ce contrat d'assistance avec l'autre. Si nous nous sommes rencontrés, reconnus et rapprochés, c'est parce que nous avons demandé à l'autre de servir de miroir. Il nous renvoie notre propre mésestime, nos jugements intimes, nos manques. Nous ne nous aimons pas, alors nous lançons un lien vers cet autre en résonance avec nos souffrances, et tournons notre attention vers lui, loin de nous. Et c'est grâce à notre fuite vers l'extérieur que nous retrouvons notre chemin intérieur.

Nous avons choisi cette rencontre afin de prendre conscience des schémas qui se réitèrent dans notre vie. Si nous jouons la victime, l'autre sera le bourreau, avec un sauveur intermittent. Il s'agit d'un partage égalitaire, dans le respect de la demande de chacun. Le contrat ne s'annule que lorsque l'un des deux comprend son implication, en fait ressortir sa souffrance pour la pacifier et la transcender.

Tel est le message de Miriadan :

« Vous êtes, nous sommes à la porte de l'évolution de masse. Il y aura bien sûr encore du chemin à parcourir, des prises de conscience à intégrer, mais les efforts accomplis jusqu'à ce jour sont révélateurs de la Force d'Intention que vous, que nous avons portée pour la collectivité. Nous sommes tous sur le point d'émerger du cocon qui jusque-là nous conservait à l'abri de la Lumière qui nous aurait blessés sans préparation. Cela est fait.

Beaucoup de couples, de familles, qu'ils soient d'union matrimoniale ou de cœur ont favorisé des ententes d'éveil. L'un apportait le confort et l'ancrage pour que l'autre place son attention sur sa progression intérieure. Ce pacte favorisait la progression pour tous, puisque la lumière rayonnait dans les cœurs de chacun par l'échange simultané et sous-jacent aux relations dans les grilles terrestres. Tel est le plaisir de ce Jeu : que le Bon, le Beau soient offerts à tous grâce au lien inaliénable de l'Amour qui relie chaque être, chaque étincelle de l'Un émanée de son Centre.

Vous connaissez ce Pacte sous le nom de Contrat d'Assistance. Se placer en tant que base pour que l'autre s'élève et illumine les chemins possibles. Cela est fait.

En ces jours pleins de Grâce, nous vous demandons d'accepter de vous délier de vos Pactes. Nous vous appelons à vous libérer de vos liens. Non pas de chairs, matériels ainsi que vous l'entendez, mais énergétiques. Si cela doit s'accomplir dans la matière, cela sera en réponse avec votre programmation.

Tant que vous maintenez vos attachements avec les êtres proches de vous, vous conservez des nœuds de pesanteur. Vous nourrissez vos croyances de sauveur, d'indispensable, de "supérieur". Vous imprimez en la personnalité de vos proches l'illusion qu'ils ont besoin de vous, de vos compréhensions ou de vos certitudes. Vous assombrissez la Lumière de leur cœur par votre présence lumineuse. Vous vous positionnez entre leur Êtreté et eux. Cela était Juste à ce jour, car cela répondait parfaitement à ce qui s'était décidé entre vous. Jusqu'à ce jour. Vous les tiriez hors de leur prison par vos cordes de Lumière, vous étiez les traceurs de voie. A leur demande.

En ces instants merveilleux, votre âme vous recommande de couper ces liens. Libérez-les, libérez-vous. Et laissez-vous aller vers votre destinée. Montez en Vous, accueillez votre nouvelle enveloppe de Paix, de Joie et d'Harmonie. Ainsi, vous répondrez à votre souhait de revêtir votre robe de Vérité tout en respectant les êtres que vous aimez, tel que l'Amour est.

L'Amour offre le meilleur à chacun. Cela demande à avoir la Foi, pour soi et pour les autres. Être dans la confiance reconnaît que chacun dispose de Ses Choix et de Sa Vision. Vous ne détenez pas les clés pour les autres. Ce sont les autres qui vous les apportent avec confiance. Vous êtes dépositaires, non propriétaires.

Le chemin vers l'Illumination est personnel, intime. Il sollicite votre lâcher-prise, votre totale confiance, votre reconnaissance que l'Inconnu est source d'émerveillement et d'évolution. Vos proches, vos enfants, sont sous la protection de la Vie, tout comme vous. Acceptez de les libérer pour leur permettre de prendre conscience de leur Souveraineté, de leur magnificence. Acceptez que, malgré leur apparence de fragilité, ils soient en maîtrise de leur Essence. Acceptez qu'ils soient Un, tout comme vous l'êtes.

Participez au Renouveau pleinement, consciemment en investissant votre Essence dans toutes ses potentialités. Sortez de la matrice de restriction pour contempler votre Visage dans le soleil de votre cœur. La Liberté est une facette de l'Amour. Car cela s'accompagne du Respect, de la Joie et de l'Expansion en Soi comme en l'autre, puisque l'autre est soi.

Telle est la Foi en l'Un. Que l'Abondance soit le courant porteur de la Vie. Et que la Création se multiplie à l'Infini. S'exprimer dans sa Liberté revient à accomplir sa destinée d'Humain. Car la Liberté est une porte de votre Centre. »

La fin d'un contrat ne signifie pas nécessairement le terme d'une histoire d'amour ou d'amitié.

Si l'autre préfère continuer dans son rôle pour aller au bout de l'expérience, il y a détachement et éloignement. Il y aura ainsi changement d'acteur, dans une scène reprenant les mêmes caractéristiques. Mais nous pouvons également ouvrir la porte de l'accompagnement en nous basant sur le respect mutuel, et non nos croyances. Nous avons le pouvoir de modifier nos contrats, de les retranscrire sur une note de soutien sans attentes. Cela nous dirige vers l'acceptation que l'autre est unique, dispose de son chemin propre, et notamment de ses choix. Plus nous réalisons notre responsabilité dans la qualité de notre vie, et plus nous apprenons à voir l'autre en tant qu'être unique évoluant à son rythme et selon Ses vérités. Alors, il y a évolution de concert, un contrat basé sur l'harmonie et non les souffrances.

3.   Le corps

Toute expression de vie est multidimensionnelle puisqu'elle emprunte les caractéristiques de plusieurs domaines : la Géométrie sacrée, le Son divin, le Plasma, la Conscience, un Soi et une âme. Rien que par ces partenaires en contrat, il est facile de comprendre que tout est un amalgame d'énergie. Et notre corps continue dans cette voie.

Lorsque nous désirons participer à un Jeu sur une planète, nous sollicitons son accord et sa substance. Pour notre corps sur Terre par exemple, nous avons conclu un contrat par lequel nous unissons notre partie céleste à la partie terrestre. Notre corps est un réceptacle qui s'emplit progressivement de notre Être, au fur et à mesure que nous développons notre Conscience. Il fait partie intégrante de la Fleur de Vie. Mais dire qu'il n'est qu'un contenant revient à hiérarchiser l'Amour de l'Un pour la Création, à imposer un niveau de valeurs. Le corps est bien plus que ça.

Enfant de la Terre, il dispose de sa propre âme et Conscience, intelligence. Sans nous, il pourrait vivre comme nous le faisons, en évoluant car il est un Être complet. Sur notre planète, le Plan demandait la rencontre du Ciel et de la Terre. Aussi a-t-il accepté de nous recevoir dans l'Amour inconditionnel. Lorsque nous choisissons une famille, un chemin, nous lançons l'appel au sein des champs dimensionnels de Gaïa. En réponse, les êtres terrestres chargés de sa conception et de sa sécurisation élaborent une forme corporelle intègre, correspondant aux critères physiques et mentaux que nous souhaitons. Le cœur est le premier organe physique et énergétique où Gaïa y place avec tendresse son étincelle âmique. Puis notre âme y projette son cordon divin avec Joie pour une rencontre étincelante. Alors, un Feu se pose dans ce nouveau temple pour sceller cette union symbiotique. Et le cœur se met à battre.

Sur ce chapitre, je souhaite apporter une précision. Nous disposons du Choix, c'est-à-dire de vivre des expériences. Sachez que si vous avez désiré connaître celle de la perte d'un fœtus ou d'un enfant avant sa naissance (perte volontaire ou pas), il n'est pas obligatoire qu'une âme céleste y ait placé son cordon. Le corps peut être dépositaire uniquement de sa partie terrestre, en lien avec votre demande. Selon ce que vous avez sollicité, cette expérience peut vous être intime, ou en contrat avec l'âme d'un être qui manifestait le désir de la vivre pour ses raisons propres. Les réponses se trouvent dans votre corps, en liaison avec votre âme.

Le corps est Amour inconditionnel pour nous. Il nous aime tellement qu'il accepte sa dégénérescence tant que cela est cohérent avec notre chemin de vie. Mais quand nous allons à sa rencontre et tombons en émerveillement devant ce Maître multidimensionnel, que nous lui restituons sa grandeur, que nous l'écoutons avec respect, il active sa régénérescence. En reconnaissant sa Beauté, nous libérons son pouvoir de guérison. Nous entrons en Grâce.

Et c'est ce dont parle Miriadan à ce sujet :

« Nous sommes une symbiose entre un Esprit (ou Soi), une Âme et un Corps (terme qui englobe les corps énergétiques).

Nous entretenons une relation particulière avec ce corps, car nous nous ressentons à l'intérieur de celui-ci et ainsi entretenons la croyance qu'il nous appartient. Fermez les yeux et regardez votre corps. Quels sentiments se manifestent-ils ?

Nous vivons en société, parmi de nombreux êtres et éléments vivants que nous observons comme un Autre. Pourtant, nous sommes en interaction avec cet environnement. Que nous soyons " éveillés " ou " endormis ", nous sommes dans ce courant de vie qui nous traverse et nous enseigne.

Le corps est un partenaire de vie, tel une flamme jumelle. Ce corps dispose de son propre Esprit, d'une intelligence spirituelle et matérielle insoupçonnée. Lorsque nous choisissons notre incarnation, nous évaluons le potentiel génétique des familles potentiellement en cohérence avec notre choix de compréhension, de libération. Cette lignée familiale offre des perspectives géométriques qui faciliteront la prise de conscience de ce qui nous demande d'être reconnu et transcendé, intégré.

Mais cela représente une partie de la détermination du corps. Le corps se crée avec l'aide des forces de la Déesse Terre : les élémentaux, les puissances de Feu propres à la dimension de la planète, et nous y puisons également un élément sacré, une étincelle matricielle qui donnera la vie à ce corps. Ce fractal qui contient la vie et qui nous relie à notre divinité est son Individualité propre, que nous pourrions appeler une âme.

Tout comme nos expressions multidimensionnelles, le corps a son univers de conscience. Nous le percevons en tant qu' " intelligence ". Il est le premier contact avec l'environnement dimensionnel et se charge de nos bagages spirituels en liaison avec notre âme. Avec finesse, il répartit les émotions, blocages en sommeil et les potentialités karmiques selon ses capacités de stockage.

Le corps est la cohésion de plusieurs mondes : le quantique, le microscopique et l'éthérique entre autres. Chaque jour, il reçoit des informations continuellement et les transforme en nourriture d'éveil. La maladie (hors choix karmique) est une de ses manifestations lorsque vous n'avez pas compris le message transmis via votre ego. Il se plie aux exigences de vos choix de vie en acceptant d'oublier la régénérescence inhérente pourtant à son existence. Car le corps est le récepteur et l'émetteur des échanges interdimensionnels. Il détient les clés de votre éveil, il est l'initiateur de votre Ascension. S'il n'est pas prêt, vous n'irez pas plus loin.

Le corps est en symbiose avec votre conscience. Il écoute vos pensées, entend votre inconscient, comprend vos désirs. Et, surtout, il est Amour. L'éveil vers votre multidimensionnalité, votre intégrité passe par la reconnaissance de son existence. Les sauts quantiques prennent forme en lui et libèrent de l'Amour car il est Amour. Ce n'est pas votre esprit qui se rapproche de votre Soi, ce sont votre corps, votre âme et votre esprit qui s'illuminent dans l'Essence de votre Être, qui s'y abreuvent.

Et tout comme un partenaire humain ou animal, il se déploie dans les vibrations de la Joie quand vous lui adressez vos pensées, vos paroles de gratitude et d'amour.
La densité de cette dimension est un cadeau que nous recevons sous la forme d'un corps aux mille couleurs et aux fréquences de l'harmonie. Car, sans lui, que pourrions-nous ? »

Oui, que pourrions-nous ? Il est notre passeport dans la matière, c'est-à-dire notre dimension terrestre. Il nous permet de communiquer, d'entrer en relation avec les autres individualités.

Et parce qu'il est un partenaire complet, avec sa propre âme et conscience, il répond parfaitement aux multiples obligations de notre société alors même que nous ne sommes pas encore totalement là, en lui, pour préparer notre venue. Car l'incarnation peut être progressive et non immédiate.

Message de Miriadan :

« Sachez qu'il y a autant de possibilité d'entrer dans la matière qu'il existe d'âmes incarnées. Lorsque vous choisissez de revenir sur cette belle planète afin d'expérimenter l'Amour dans la matière, plusieurs voies se présentent à vous.

Pour chaque corps de matière dans lequel vous vous incarnez, des espaces vibratoires se forment afin de vous guider vers votre emplacement de chair.

Imaginez un îlot posé sur une mer houleuse. Plusieurs bateaux se proposent pour vous y amener, chacun à son rythme, avec son itinéraire, et son port de débarquement uniques.

Vous choisissez votre venue en tant qu'expérience d'incarnation. Vous pouvez sélectionner le navire qui vous ancre immédiatement dans votre corps, sans lien ténu avec votre lieu de départ (telle une longue vue), ou de conserver une partie de vous éthérée, comme une paire de jumelles qui dirige son regard vers deux points différents.

Selon votre choix d'incarnation, vous ressentirez votre corps et votre environnement avec des émotions différentes.

Si vous conservez une partie de vous avec nous, votre incarnation se fera progressivement, tout au long du laps de temps que vous aurez déterminé pour cette vie.

Ce magnifique cadeau d'Amour que vous nous offrez permet de ressentir profondément chaque étape, chaque marche descendue vers la matière dense de la Terre, vers sa dimension maternelle et sensuelle.

Cette expérience vous apporte la connaissance de la plongée dans vos différents corps (vibratoires et de chair) et le plaisir de reconnaître la dimension sacrée de la matière "lourde" qui vous porte chaque jour et nuit. Vous devenez un émissaire conscient de l'Un auprès de votre planète par votre présence.

Si vous plongez dans votre corps de chair, votre incarnation est instantanée. Les cellules de votre corps se mettent à vibrer au diapason de votre âme, et vous entrez pleinement dans la danse de la Vie. Vous devenez un partenaire dans les expériences du monde, un acteur de la progression vibratoire des entités de votre planète.

Quel que soit votre choix dans votre actuelle incarnation, vous participez à l'épanouissement de votre groupe d'âmes et au don d'Amour.
Nous vous en remercions. »

Mais de quoi le corps constitué exactement ? De ce qui est la raison d'être de la Création : l'Amour. Cet Amour qui marie les compétences des champs dimensionnels de notre planète peuplés de nombreux êtres dits de « l'invisible » : du minéral, végétal, animal et éthérique ; par domaine : eau, feu, air et terre.

Depuis septembre 2016, un programme de voyages collectifs a rassemblé des personnes qui se sentaient appelées à le vivre. L'objectif est d'initier une osmose personnelle et communautaire, de s'ouvrir à la Nouvelle Terre qui est déjà là.

Ensemble, nous sommes entrés en contact avec ces êtres qui transmettent leurs substances et savoir-faire énergétiques pour matérialiser notre corps et le consolider. Les participants prêts à ce contact les ressentirent comme des retrouvailles amoureuses, et un véritable électrochoc. Nous avons été successivement plongés dans des couches de ce corps qui nous ont propulsé sur une perspective holistique, pointant le microcosme (cellule, chakra) pour émerger dans le macrocosme (Gaïa, l'âme, l'univers).

En nous enfonçant dans la profondeur de notre partie quantique, nous nous sommes envolés dans la

Création. Et comme le temps n'existe pas, l'effet fut/ est le même que ce soit en replay ou en direct. Chacun reçoit ce qui lui est Juste dans l'Instant Présent, qu'il le fasse une ou plusieurs fois. Plusieurs fois puisque chaque séance offre de multiples facettes au fil de notre cheminement. Ces séances sont ouvertes à tous et disponibles sur mon site « Méditations   d'éveil » https ://meditationsmagdara.fr.

4.   Les chakras

Notre corps est multidimensionnel par nature
puisqu'alliance de plusieurs mondes, comme nous le
voyons par nos différents corps énergétiques. Nous y
avons accès par des portes intérieures, nos chakras,
qui sont au nombre de 13. Tant que notre Conscience
ne s'est pas déployée en nous, 7 demeurent les
piliers de notre corps humain, énumérés par
Miriadan :

« Nous voici au carrefour du monde physique et
céleste. Nous voici au point de rencontre de la
diversité, unie en harmonie pour apporter une
réponse à une demande : le jeu de la dualité par la
séparation.

Un chakra est un point de rencontre. Situé au
carrefour de plusieurs dimensions, il se place dans le
corps humain selon une organisation très précise qui
complète celle que l'on retrouve dans les corps
énergétiques.

Un chakra est un portail multidimensionnel.
Constitué d'énergie, il prend la forme d'une roue ou
fleur dans la 3ème dimension. Chaque chakra a une

spécialité car relié à une dimension propre, et nourri par un Feu déterminé.

Tous les chakras sont en interaction, et il serait illusoire de croire que chacun est compartimenté dans son domaine. La linéarité ne s'applique pas aux chakras car ils se placent dans la multidimensionnalité. Même s'ils sont individuels dans leur fonctionnement, ils restent interreliés et chacun est d'égale puissance.

Lorsque vous effectuez un saut quantique par exemple, l'énergie déployée est diffusée dans l'intégralité du corps, ce qui permet de prendre conscience de clés (les leçons de Vie comme la Justice, le libre-arbitre, le Choix divin, la Grâce, etc.) qui activent les portails que sont les chakras. Ces portails sont des axes de communication entre vous et votre âme, selon une fréquence en lien avec votre évolution.

Le chakra de la base est votre lien avec la planète qui vous a offert ses éléments et nourrit votre ancrage en elle. Ce chakra est paradoxal car s'il vous plonge dans les entrailles de la matière déifiée de la Terre, il vous permet ainsi de vous relier à votre partie céleste. Véritable cordon ombilical, il vous offre l'Amour de la planète sous forme de couleur rouge et participe à apprécier le moment Présent dans toutes ses opportunités et richesses. Il est également le partenaire des forces telluriques de la Terre, car il prend sa source dans un Feu d'évolution et de changement, d'adaptation. L'Action jette ici ses premières racines. Oser exister.

Le chakra sacré a une polarité féminine car il se nourrit de la Création. Ce chakra porte en lui toutes les potentialités en gestation, prêt à donner naissance à l'Inconnu et à lui accorder toute la place nécessaire pour une maturation douce et attentionnée. La Liberté s'appuie sur la Paix. Ce chakra rappelle la Mère qui dessine le chemin tout en respectant le libre-arbitre et la volonté d'autrui. Il dépose doucement les règles de la Liberté dans une vision égalitaire et unitaire. Nous sommes tous les enfants de l'Un. Inventer, Aimer.

Le chakra du plexus solaire représente le masculin sacré. Lié à l'Action-Volonté, il est très fortement relié au corps émotionnel. Car il est le Gardien de l'évolution de l'être. Si vous abandonnez votre pouvoir personnel en ne respectant pas vos désirs profonds, que ce soit du fait d'expériences douloureuses karmiques ou peurs, il émettra un rayonnement qui vous ramènera systématiquement à vous-même. L'Ego est un de ses alliés. L'Ego est un serviteur du Cœur. Et, à ce titre, participe activement à ce que tout ce qui se cache en vous soit mis en lumière. Vos pensées en sont l'aspect visible, ainsi que vos conditionnements face à une situation. L'Action est aussi de prendre conscience de Qui Nous Sommes au moment Présent. Pacifier vos émotions liées à vos expériences incomprises, douloureuses, les transcender reste du domaine du chakra du plexus solaire. Laisser couler, lâcher-Prise, Agir en Paix.

Le chakra du cœur est un point de rencontre très particulier car base de la Vie. Le cœur physique est le réceptacle de l'élément matriciel du corps, son âme, ainsi que la porte d'entrée de l'âme céleste de l'Être. Il semble être la jonction entre les chakras du corps, mais il est véritablement le maître-bâtisseur de l'intégralité du corps physique et énergétiques. Car il reste l'ordonnateur de la Cohérence de votre fonctionnement. Chaque chakra est une émanation du chakra du cœur. Il détient en lui les accès à toutes les dimensions nécessaires à votre évolution. Il est le Centre de votre monade, géométrie qui englobe la totalité de votre incarnation physique et énergétique. Et c'est pour cela que, quel que soit votre choix de chakra sur lequel vous souhaitez vous positionner pour évoluer, vous cheminez vers une destination commune. Unité, Ensemble, Harmonie. Amour.

Le chakra de la communication se positionne sur l'échange et la Justesse. Ce chakra emprunte la féminité de la Mère par l'Intuition et la Créativité, et marche dans la voie du masculin sacré par le déploiement de l'étendard de la Justice, de la Rectitude et de l'Action. Car les mots ont un pouvoir de création et de manifestation, les pensées également. Positionnés en son Centre, ce chakra se place dans le partage et la réalisation. Écoute et Transmission bienveillantes et généreuses.

Le chakra dit du "3ème œil" ou frontal s'expanse dans l'ouverture à son Intuition et son âme. Ici s'étendent les notions de Sagesse et de Connaissance. Là encore les clés propres à ce chakra proviennent du Cœur. Car la Sagesse ne s'acquiert qu'après avoir compris Qui Nous Sommes : des êtres de Paix et de discernement, dans la rectitude de notre Centre. Nous sommes l'élément unificateur des nations stellaires, qui ont offert à notre intention tout ce qu'ils sont afin que nous leur apportions l'Harmonie universelle. Et cette magnifique planète en est l'écrin. Compréhension, Centre.

Le chakra de la couronne nous révèle notre aspect divin selon la portée de l'Infini. Il nous relie à l'Un, à notre Essence primordiale. Il rayonne de

Compassion et de Gratitude. Il nous dévoile notre aptitude d'expansion dans l'Inconnu. Car ici nous prenons toute la mesure de l'Impermanence, et en même temps de la Puissance de l'Amour. Nous émanons notre propre souveraineté en tant qu'Un. Et surtout, nous nous relions en Complétude, en tant qu'Être bien sûr, et aussi en tant que groupe. Nous nous reconnectons à la magnificence de l'ensemble. Unité multidimensionnelle. Amour inconditionnel. Servir.

Lors du passage progressif en 5ème dimension, les chakras modifient leur fonctionnement. De roue, ils deviennent pyramides et s'interpénètrent en harmonie. Si en 3ème dimension il était possible de cheminer avec un ou plusieurs chakras bloqués ou restreints, il n'est plus question de séparation en 5ème dimension. Les chakras sont unifiés en une forme géométrique globale. L'énergie est véhiculée avec fluidité dans chaque mouvement de vie, dans chaque expression de l'être.

Ainsi nous sortons de la roue de la 3ème dimension pour nous étendre dans un système qui prend en compte la diversité de la Création. Chaque décision, chaque action et volonté tendent vers la syntonie de l'ensemble. Pour la plus grande joie de chacun. »

Ces 7 chakras sont notre support sur notre chemin d'éveil tant que nous n'avons pas effectué l'union de notre Trinité : corps-âme-Soi. Ils sécurisent notre corps dans les multiples dimensions où nous existons à d'autres niveaux. Une fois que l'Unité s'est amorcée, nous activons les 5 chakras supplémentaires :

« L'être humain incarné dispose de 7 chakras/portails multidimensionnels activés selon la programmation de son cheminement. Lorsqu'il parvient à s'unir à lui-même, qu'il se pose dans l'Unité magnifiée par la Multiplicité, il s'accorde sur le rayonnement de son Êtreté. Ainsi, sa Fleur de Vie s'épanouit et s'expanse jusqu'à transformer la monade par l'éveil des 5 chakras supplémentaires qui complètent la naissance de l'Humain, l'être aux 12 chakras.

Ces 5 chakras ont toujours été placés dans le corps humain. En sommeil, ils ne se révèlent que lorsque l'ouverture des 7 primaires est réalisée. Tous sont reliés aux clés métatroniques, ces reconnexions à ces parties de nous nécessairement désactivées pendant l'expérience de la dualité. Lorsque nous passons le seuil de l'apprentissage de l'Humain, les roues se transforment progressivement en losange qui s'interpénètrent pour ne former qu'un magnifique miroir de notre fleur géométrique. Chacun épouse l'intérieur de l'autre et l'ensemble tourne en dansant sur la note harmonieuse de l'Être. Ainsi, notre corps reflète la multidimensionnalité de Qui Nous Sommes. Il n'y a plus de séparation entre les chakras, mais une unité iridescente qui met en valeur chaque face de sa géométrie.

Cette étape s'accompagne de la sublimation des pôles. L'union du Masculin et du Féminin sacrés a été accomplie précédemment dans un sentiment de Complétude, de retrouvailles amoureuses. Ici, il y a transmutation du Féminin sacré en Déesse. Le Masculin rayonne par son abandon à la Déesse, chaque Choix/action/positionnement se nourrit de l'Amour inconditionnel et transcende les limites dimensionnelles. Le Masculin émane la Magie de la Vie.

Ces 5 chakras se placent dans le corps selon la programmation de l'individu et sa symbiose avec son corps. Il n'y a aucune règle d'implantation en la forme physique puisque tout se fond dans un ensemble unique. Ces portails s'ouvrent là où la personne a souhaité faire résonner les parties d'elle qui prédomineront sur son chemin. Ainsi, la répartition de départ peut-elle privilégier le bas du corps en relation avec l'ancrage et la liaison avec la

Terre et ses habitants, le haut du corps avec l'attention placée sur la Communication/transmission, le milieu pour insuffler la Créativité et l'Abondance. Toutes les combinaisons sont possibles puisque vous disposez de toutes les compétences de l'Un. L'évolution étant constante, votre géométrie divine corporelle se modifie avec vos Choix de réalisation. Une fois que les 12 chakras se sont remodelés par la transmutation, l'ensemble réalisé adapte ses contours et ses profondeurs à l'Intention de votre Être. La Création se met à votre disposition.

L'Humain est un magicien qui fait ressortir le meilleur en Tout et en Tous. Il est conscient que Sa Responsabilité est de maintenir son Ouverture. Il reste l'apprenti de lui-même. Rien n'est constant, et donc tout est à apprendre et à réapprendre. Sa principale tâche est de rester fidèle à ses vérités, en sachant qu'il ne peut détenir la Vérité. Il sait s'appuyer sur les Vertus de l'Un qui le réconfortent dans l'Instant Présent : la Foi, l'Humilité, la Compassion, la Paix, la Joie ; des expressions de l'Amour qui est l'Essence de tous et de tout, Votre Essence. »

J'ai parlé de 13 chakras. Quel est donc ce 13ème qui ne se dévoile qu'en ces temps d'Ascension ? Il nous relie à une matrice qui nous entoure de sa protection aimante dont nous nous préoccupons tant aujourd'hui : notre planète. Miriadan nous donne un résumé :

« L'Humain est constitué de 12 chakras. Mais il fait également partie d'un ensemble bien plus vaste que sa monade. Il est élément indissociable de la Planète.

Au cours de son cheminement, l'être incarné connaît le retournement de conscience par lequel l'âme se découvre à son corps assoiffé de tendresse. Le Soi embrasse l'unité retrouvée par sa Direction illuminatrice. Lorsque l'ancrage est consolidé, un des 12 crânes de cristal chargés de conserver la mémoire des origines et du but de cette création planétaire dans le Jeu cosmique, prend contact afin de préparer et coordonner le passage de relais. Les 12 crânes ont pour finalité de nous remettre, à nous Humanité réveillée, cette mémoire. Nous sommes le 13ème crâne.

Le dragon, symbole du Masculin sacré et gardien des forces telluriques et donc de notre Kundalini, s'est présenté pour nettoyer et harmoniser les canaux énergétiques de nos corps. Puis la licorne, Pureté prenant sa source dans le Féminin sacré, dépose son Amour inconditionnel et appose son Pardon par l'offrande de la Virginité innocente, l'Enfant. Se lèvent la Mère compatissante puis la Vierge Noire, l'Isis aux multiples facettes s'offrant à la sensualité de la Vie et légitimant la Femme en tant que matrice.

Lorsque la fusion, les épousailles du Masculin et du Féminin sacrés sont consommées, la Déesse emplit le nouvel Humain de sa Puissance. Et le corps se transforme sous l'impulsion de ce désir irrésistible de Servir la Présence qui s'exprime alors en soi. Les 12 chakras s'interpénètrent pour prendre la forme de notre géométrie divine.

L'Humain a retrouvé sa place au Centre de lui-même. Il est l'Être individuel unique rayonnant par sa connexion à l'êtreté dont il est issu, reconnaissant ses origines cosmiques tout en savourant son appartenance à la planète Terre. Il est le chaînon qui donne tout son sens à l'Aventure de sa Vie.

Et l'Humain termine le cycle, entamé il y a des millions d'années, lors de l'émergence du Désir d'Unité au sein même de cet univers de Séparation. Il est ramené à ses enseignants nourriciers du départ, ceux-là même qui ont préparé son arrivée et adapté l'environnement à son cheminement : les champs

Souvenirs quantiques

dimensionnels de Gaïa. Ces champs dimensionnels sont peuplés de nombreuses nations (tels les elfes, sylphes, sirènes ...) qui maintiennent l'harmonie entre les forces de vie à l'intérieur comme à l'extérieur de la planète, y compris la cohérence de votre amalgame corporel. Être un Humain implique une collaboration active avec les partenaires planétaires, susciter des échanges bienveillants entre tous pour faciliter les transformations plasmiques que l'ascension va générer.

Le 13ème chakra est cette ouverture à "l'invisible" qui place l'Humain en tant que médiateur conscient par sa compétence à relier les dimensions au Centre. Il est également la porte d'entrée à la reliance à l'esprit de groupe qu'est la Conscience de Gaïa, point d'orgue des convergences intra et extraterrestres. Lorsque l'Humain est prêt, il raccorde définitivement sa géométrie sacrée au tissu vibratoire maître de la planète, sa trame générale. Il se répand à la fois en la substance de Gaïa tout en se nourrissant de cette Mère cosmique par excellence et détentrice des clés de l'ascension. »

Les chakras nous relient aux dimensions qui composent notre univers. Nous en sommes pour l'instant à l'activation de 13 portails, mais il en existe bien davantage que nous découvrirons au fil de notre évolution.

Revenir à notre Unité est trouver l'harmonique de l'ensemble de ces portails multidimensionnels. Et cela se fait quand le corps est prêt, avec simplicité. Aucune technique ne sera meilleure qu'une autre pour accélérer le processus car seul notre corps, en lien avec notre âme, dispose des clés d'ouverture. Les Feux de nettoyage (Kundalini) et de transmutation ne peuvent progresser que si nous harmonisons progressivement nos canaux d'éveil en Justesse. Se laisser porter par les synchronicités, qui sont les marques de notre cœur, nous permettent d'être guidés vers des pratiques, formations ou personnes qui nous apporteront en Justesse ce que nous avons programmé sur notre chemin.

Aucun de nous n'a le même rythme ou une programmation à l'identique. Mais nous disposons de ressemblances qui peuvent servir de repères pour l'autre. Nous pouvons aider à rassurer.
Message de Miriadan :

« Nous sommes dans une perspective qui s'élargit de plus en plus, action nous ramenant progressivement à la Paix et à la Joie. Et cette vision expansée nous offre également une meilleure compréhension des Lois universelles qui régissent notre univers.

Où allons-nous ? Que devenons-nous ? Par quoi sommes-nous attirés irrésistiblement ? Notre Centre. Le terme Lumière est décrit comme l'avancée vers le Bien, la bonté, la générosité, l'accueil et l'amour. Cette définition reste inexacte puisque nous entendons les valeurs d'un pôle unique. Or, le Centre se manifeste par le déploiement d'une paire : l'Ombre et la Lumière. Notre vision est faussée puisque fortement influencée par les cultures duelles qui ont jalonné notre Histoire planétaire, et qui ont réussi - à notre demande collective - à nous faire oublier cette trinité intrinsèque.

Revenir à Soi est s'autoriser à ne plus avoir peur, à se faire confiance, oser croire en la Vie, franchir le pont qui sépare la survie du Plaisir. L'Instant Présent en est la promesse. Et la clé se cache dans notre Individualité. La société nous abreuve d'idées de générosité à la condition de ne plus penser à soi. Comment donner si l'on ne peut recevoir de sa Source ? Rayonner est l'action de déborder de sa Transparence, donc d'abord de s'emplir de soi pour qu'ensuite il y ait abondance, s'aimer et se respecter au même titre que le voisin.

Vous êtes parfaits. Vous avancez sur un rythme qui prend en compte celui de tous ceux que vous aimez. Vous l'avez oublié, mais vous avez passé un contrat avec de nombreux êtres que vous aimez inconditionnellement. Vous leur avez proposé de cheminer ensemble l'espace de quelques minutes, heures, jours, mois ou années. Certains vous servent de guide, d'autres de miroir. Vous vous voyez comme des apprentis de la Vie et prenez conscience en vous de peurs et de souffrances avec leurs conséquences quotidiennes. Vous observez vos schémas-réflexes, les reliez à des expériences intérieures incomprises, puis entrez dans la Compassion pour les pacifier et les transcender.

Ce cycle de libération est un merveilleux cadeau dont vous détenez les clés. La douleur vous est connue, aussi êtes-vous certainement les meilleurs accompagnateurs qui puissent exister sur votre planète pour accueillir vos frères et sœurs en cours d'éveil. Et c'est ce que vous avez programmé : entrer dans l'action de tendre la main à vos frères et sœurs humains qui sortent de leur sommeil et avancent hésitants, hébétés d'illusions et quémandeurs de soulagement.

Vous êtes parfaits tels que vous êtes. Et justement parce que vous restez proches de ceux qui tendent la main vers celui ou celle qui pourra la saisir. Ce sont vos "défauts" qui vous parent de toutes les qualités nécessaires pour entendre et comprendre leur appel. Votre fardeau est justement ce qui vous rend apte à jouer votre rôle dans l'accueil de ceux qui viennent, à les écouter et à les réconforter. Votre force provient de votre Ombre, de ces ressources intérieures au visage tourmenté qui vous donnent envie de vous épanouir dans un monde harmonieux, en Paix et dans la Joie.

Soyez à Votre Service pour vous mettre au Service de votre Communauté. Écoutez votre résonance, ressentez Qui Vous Êtes ici et maintenant avec sincérité : soyez l'exemple, celui ou celle qui représente l'étape suivante, quels que soient votre degré de conscience ou votre fréquence. Sur ce chemin de Transparence, il y aura toujours un autre derrière vous pour qui vous serez un repère inspiré. »

V. LES OUTILS DE L'ÉVOLUTION

Nous sommes entrés dans une période de changement de paradigme qui nous fait faire un retournement de conscience. Là où auparavant nous privilégiions la force et la logique et l'imposions au plus grand nombre, nous découvrons que cela ne fonctionne plus. Le mental perd sa popularité au profit du cœur. Nous évoluons, boussole alignée sur notre intuition, et nous plaçons dans un élan de vérités intimes qui prennent leur sens dans les bases de la Trinité.

Dans la relativité de notre dimension, nous pouvons ressentir injuste notre plongée dans un environnement incontrôlé et incontrôlable, ne prenant aucunement soin de nos besoins en tant qu'être évolutif. Et nous aurions raison. C'est ce que le karma nous raconte dans sa version de punition pour des fautes oubliées.

Mais nous ne sommes pas ou plus dans cette partialité. Même si nous avons la sensation d'être noyés dans la masse sans soutien extérieur, nous disposons pourtant d'outils en parfaite cohérence avec notre chemin d'éveil. Nous les découvrons en nous au fil de notre compréhension intime.

1. L'ego et le mental

Message de Miriadan :

« Qu'est-ce que l'ego ?

Lors de votre incarnation, l'âme vous a offert des outils adaptés à votre dimension dense et d'expérimentation. L'ego en est un.

L'ego est une émanation de votre Masculin Sacré, votre Protecteur divin. Il s'appuie sur les missions de ce Gardien et est chargé de vous protéger des dangers de votre dimension.

L'ego se base sur les expériences ancrées en vos corps subtils afin de vous aider à pacifier les leçons douloureuses incomprises dans les vies simultanées (ou dites antérieures). Lors de votre avancée dans la vie, il reconnaît ce qui peut vous blesser, moralement et physiquement, et active vos défenses selon des schémas déjà éprouvés précédemment et auxquels il a accès.

L'ego ne juge pas, il vous protège. Il n'est qu'amour pour vous : il est votre protecteur. Il réagit selon ce qu'il connaît : peur, colère, pouvoir, révolte, etc. afin de parer aux attaques énergétiques et physiques de votre environnement.

Tant que vous détiendrez en vous des leçons à pacifier et transcender, il sera là, aimant et attentif, pour apporter cette connaissance au mental. L'ego détient des clés qu'il vous offre sincèrement. Son but est de vous amener à restaurer votre intégrité.

L'ego est votre porte vers la Justice. Si vous le voyez s'imposer en vous, ce n'est que pour vous signaler une injustice. Il agit tel un pansement afin que la blessure soit hors d'atteinte, attendant que la plaie guérisse en toute sécurité.

L'erreur est de lutter contre l'ego. Tant que des souffrances inexprimées en vous seront incomprises, il vous parlera. Si vous le regardez comme un ennemi, et que vous voulez le forcer à se taire, il se renforcera. Non par volonté de pouvoir, mais pour vous guider vers votre Vérité.

Lorsque vous avez atteint votre Transparence, que vous êtes sortis de l'Illusion, l'ego se fond de lui-même dans votre Masculin Sacré. Car, en fin de compte, l'ego est votre Masculin Sacré, tout comme vous êtes une émanation de l'Un et donc porteurs du Tout. »

L'ego est notre point de départ dans la prise de conscience de notre existence, en quelque sorte la première dimension de notre être.

Véritable boite aux trésors, nous y plaçons les traits de notre personnalité en cohérence avec notre cheminement. L'ego est ce partenaire qui nous montre ce que nous aimons ou pas, délimite notre perception en lien avec notre vision de notre environnement. Il nous aide à assumer notre particularité, à mettre en valeur l'être unique que nous sommes. Et surtout, il nous protège des dangers. Depuis notre naissance, il a enregistré nos expériences et classifié ce qui pouvait nous blesser ou nous fragiliser. Muni de ces données précieuses, il nous a entouré de murailles destinées à nous préserver. Il fonctionne selon l'optique de la survie d'après notre passé.

Seul, l'ego tournerait en boucle, sans moyen d'expression. Aussi est-il accompagné du mental.

Le mental est ce tableau blanc récepteur et transcripteur de notre intériorité, révélateur de notre état d'être. Il est l'intermédiaire entre nos émotions et notre esprit. Nous avons en nous bien des souffrances qui se présentent à notre mental lorsque nous sommes prêts à les regarder. La Vie est ainsi faite que les « problèmes » ne surgissent que si nous disposons déjà de la solution. Mais, bien souvent, nous sommes tellement pris dans le tourment de nos émotions que nous n'arrivons plus à la percevoir et avons besoin d'un coup de pouce.

Tel est le rôle de notre mental. Notre corps est relié à notre âme et notre Être. Dès que notre âme envoie le signal indiquant que nous sommes prêts, une émotion-souffrance basée dans notre ventre toque à la porte de notre mental afin que celui-ci attire notre attention sur ce traumatisme : pensées ininterrompues ou filantes, phrases de jugement, lapsus « révélateurs », etc. Avec sincérité et abnégation, il revient à la charge tant qu'il n'aura pas la certitude que nous avons enfin saisi le message. Baromètre de notre écoute intérieure, il s'apaise lorsque nous comprenons l'appel et consentons à tourner notre regard vers nous-mêmes.

La souffrance est une expérience incomprise, à partir de laquelle nous avons émis un jugement de valeur envers nous et l'autre, dans une vision de bien et mal. Selon Miriadan :

« Lorsque vous exprimez une opinion limitative, un jugement, vous vous enfermez dans une prison intérieure.

Vous croyez émettre un avis sur une personne, une chose, un événement mais en fait vous lancez un cri d'alarme et de douleur.

Le jugement est un appel à l'aide. Il est l'outil que votre ego apporte à votre attention afin que vous regardiez en vous l'enfant intérieur qui souffre.

Lorsque vous jugez, vous pensez sincèrement que vous vous appuyez sur des faits, des idées concrètes ou sociétales issues de l'équilibre grégaire.

Lorsque vous jugez, vous faites resurgir en vous vos frayeurs, vos doutes, vos expériences douloureuses de votre vie. Vous matérialisez les peurs cachées dans vos placards.

Si vous jugez au cours de la journée, arrêtez-vous un instant pour observer ce qui vous y a poussé. Puis allez chercher en vous cette partie en colère, en pleurs ou en défense. Et écoutez-la. Elle a beaucoup à vous dire, si ce n'est qu'elle a besoin de vous, de votre tendresse et de votre réconfort.

Soyez la mère affectueuse et sécurisante, compréhensive que votre enfant appelle en votre for intérieur. C'est à cette attention que répondra la paix en vous. En reconnaissant en vous les parties douloureuses, vous pacifierez ce qui est éveillé. Vous laisserez la place à la sérénité. Vous vous aimerez. »

Notre culture nous a appris à cloisonner, étiqueter les événements qui se produisent dans notre vie d'après des modèles imposés tels que penser à soi est de l'égoïsme, la richesse s'obtient uniquement par malhonnêteté, la souffrance est la voie royale du paradis.

Pourtant, la souffrance n'est pas obligatoire. Dans l'Absolu, elle n'est qu'un ensemble d'énergie chargée de vos croyances. Pourquoi nous parcoure-t-elle avec tant de force ? Pour nous forcer à la regarder, à l'écouter. La peur, la colère, le désespoir, la tristesse … sont autant de souffrances qui appellent notre attention. Elles sont des parties de nous, un enfant intérieur qui envoie un signal de changement. Nous ne nous satisfaisons plus de nos limites, et choisissons de modifier notre comportement. Pour cela, nous nous connectons à notre ventre, qui est le réceptacle de toutes nos souffrances, et faisons résonner l'émotion. Le mental réceptionne le signal et nous le manifeste à sa façon.

Et si cela n'est pas suffisant pour que nous en prenions conscience, nous passons un contrat avec des personnes qui seront en cohérence avec notre souffrance. Nous ne nous laissons plus de marge de manœuvre pour refouler notre souffrance, nous avons déjà fait le choix de nous en libérer. Nous irons jusqu'à l'épuisement s'il le faut, nous créant un mur de lamentations sur lequel nous martelons notre souffrance. Puis intervient le lâcher-prise. Notre mur s'écroule de ne plus pouvoir le porter, nous devenons notre propre sauveur.

L'ego et le mental font partie de nous, en tant qu'éléments individuels en interaction avec notre amalgame. En reconnaissant leur rôle et la valeur de leur implication, en leur parlant et les rassurant sur notre cheminement, nous restaurons notre Respect intime. D'autant qu'ils ne souhaitent que notre bonheur puisqu'Amour inconditionnel pour nous.

L'ego et le mental tiennent les rênes de notre comportement tant que nous n'effectuons pas un retournement de conscience vers notre cœur qui devient alors notre guide. Jusqu'à ce mouvement de conscience, nous fonctionnons d'abord sur la raison, privilégiée au détriment de nos ressentis. Après ce renversement, nous laissons notre cœur guider notre ego et notre mental vers des compréhensions inatteignables auparavant.

Nous pouvons aider notre ego et notre mental dans cette transformation aujourd'hui irrésistible. Volontaires pour nous protéger envers et contre tous dès notre naissance, ils s'épuisent d'agir selon des schémas qui ne correspondent plus à notre Ici et Maintenant. Leurs repères s'effacent pour leur présenter une page blanche. Qui ne paniquerait pas de prime abord devant cet Inconnu ! Mais ils ne s'inquiètent pas pour eux, mais bien pour Nous. Car nous sommes leur Trésor, leur aimé. Alors, dialoguons avec eux. Expliquons-leur ce qui se passe : que nous avons débuté un rapprochement avec notre cœur qui va les soulager de ce fardeau qu'est la Survie puisque nous sommes entrés dans la Vie. Il n'y a de danger que dans notre imagination qui prend sa source dans nos souvenirs. Nous honorons ces maîtres dans l'aide qu'ils nous ont apportée dans notre croissance et apprentissage. Nous sommes gratitude et amour.

L'ego et le mental se replacent progressivement au service de notre cœur. Tout comme nous, ils se sont adaptés à la société que nous avons choisie avec soin. Ils ont pris les expériences que nous nous attirions et en ont déduit des règles et modèles. Ils se sont conformés à ce que nous leur demandions : nous amener à aujourd'hui le mieux possible, d'après notre résonance. Par ce lâcher-prise, nous leur permettons de reprendre leur dimension divine. Comme notre conscience, ils s'élargissent au fur et à mesure que nous étendons la compréhension de notre Unité dans la multiplicité. C'est ce que nous nommons le supra-mental.

Souvenirs quantiques

2.   La loi d'Attraction ou de Résonance et la loi de la Grâce

Message de Miriadan :

« Pour expliquer la loi de la Grâce, il faut détailler un peu la loi de l'attraction qui jusqu'alors dirigeait nos vies, avec notre libre-arbitre.

Nous étions jusqu'alors guidés par notre âme, selon les expériences incomprises dans des vies simultanées qui nous avaient fait souffrir, blessé, profondément amputé de nous-même. Tout est juste dans la Vie.

Ainsi, lorsque nous nous engagions dans une incarnation avec des objectifs de compréhension, nous passions un contrat avec d'autres êtres qui nous aideraient pour cela. Si nous choisissions une voie, en lien avec notre âme, les détails ou événements pouvaient être modifiés selon notre avancée. Mais des nœuds précis devaient se dérouler.

Si vous vous trouviez à blesser quelqu'un, sachez que cette personne (au niveau de son âme) avait accepté cette éventualité. Pour vous aider. Lors de votre "mort", vous évaluiez alors ce que vous aviez pacifié et intégré, et ce qui avait pu s'ajouter à votre incompréhension de la loi d'attraction.

Une précision : je parle de vies simultanées car tout se passe en "même temps". Lorsque vous transcendez une leçon reçue d'une vie simultanée, cette douleur est instantanément transcendée dans cette vie. Sinon, elle serait toujours active. Le lien est l'Amour. Un pont de tendresse et de lumière qui existe entre toutes vos incarnations.

Actuellement, nous sommes passés dans la Loi de la Grâce. Les leçons sont amenées dans leur intégrité à être pacifiées et transcendées par l'Amour et le Feu Vibral.
Nous sommes maintenant dans le Pardon et la Gratitude. Pardon pour nous, de nous avoir fait souffrir par notre incompréhension, Pardon pour les autres, pour avoir été blessé. Et Gratitude. Gratitude de nous avoir aimé au point d'avoir accepté de jouer le rôle du " méchant " pour nous aider à ouvrir les yeux. Gratitude pour la Vie de nous apporter les clés de notre épanouissement. Gratitude pour l'Un de nous offrir la Vie.

Et cette loi est simple : accueillir le respect et l'amour en soi afin de le diffuser. Reconnaître que nous sommes les bâtisseurs de notre vie, et que la

Joie et la Paix sont nos chemins. Alors les voiles se soulèvent. Et nous accueillons en nous notre essence.

Nous comprenons alors que nous sommes les porteurs de l'Un, ses servants d'Amour. Et que nous trouvons notre bonheur dans Sa Volonté. Nul contrôle, nulle difficulté. Tout est simple. Tout nous est donné. Tout est possible. Car il n'y a que générosité de cœur. Et abondance illimitée.

L'énergie déversée nous aide à nous emplir le cœur de cet Amour. Mais cela reste notre travail d'accueillir ce cadeau. Abandonner tout ce que nous croyons afin ensuite d'être empli de la loi de la Grâce. Seul notre cœur peut nous guider, car il est relié à la Source, notre Essence, l'Un. S'abandonner à Sa Volonté, c'est le soulagement, le repos, la Joie. »

Phare de notre éveil, la loi d'Attraction ou de Résonance se remarque particulièrement dans le jeu des contrats. Notre ressenti émotionnel évolue au fur et à mesure que nous nous écoutons, et que nous reconnaissons être les créateurs de nos vies.

Cette loi de Grâce met en exergue l'expérience qui nous délivre à chaque fois un cadeau magnifique fait d'amour et de sagesse. Nous sentons peser un fardeau sur nos épaules tant que nous restons impliqués dans notre rôle de victime-bourreau-sauveur, mais lorsque nous acceptons notre Responsabilité, tout devient Joie et Simplicité, Grâce.

3.   Le cercle de confort

Message de Miriadan :

« Dans notre quotidien, nous nous basons sur des vérités personnelles qui nous offrent un " cercle de confort ". Ce cercle délimite ce qui nous est agréable ou pas, ce que nous pouvons accepter ou rejeter. Il réagit selon notre vibration, qui se base sur nos expériences et nos désirs.

Un cercle de confort est un outil programmable. Chaque fois que nous prenons conscience de quelque chose, chaque fois que nous effectuons un saut quantique ou que notre environnement nous renvoie un miroir de qui nous sommes, le cercle intègre les données reçues, les incorporent ou/et se délestent d'anciennes croyances qui ne nous conviennent plus.

Nous sommes en phase d'éveil. Cet éveil est progressif, mouvementé pour certains, déstabilisant pour d'autres, nié ou aimé. Notre cercle est en mouvance perpétuelle. Il transmet notre fréquence et, comme un sonar de notre identité, répercute auprès de notre ego et notre cœur les réponses obtenues.

Tout comme la Vie, tout est neutre, le cercle y compris. Nous y plaçons nos prismes émotionnels afin d'identifier ce qui nous ressemble ou apparaît en dissonance. Naturellement, nous acceptons plus facilement ce qui ne nous remet en cause. C'est pourquoi nous faisons confiance à notre discernement propre.

Si nous restons dans notre cercle de confort, toute fréquence différente sera notifiée comme perturbante. L'inconnu ne nous fait-il pas battre le cœur avant de s'y jeter ? Une excitation certaine en est la cause. Et aussi une appréhension. Et cela est normal dans notre dimension. Car sans ce cercle, nous ne saurions avancer avec confiance, posant nos pas sur nos croyances ou vérités personnelles. Et c'est en avançant que nous évoluons.

Le cercle de confort convenait parfaitement à la Loi d'Attraction. Jusqu'alors, nous nous incarnions avec une limite d'éveil. Ceux qui, comme Jésus, allaient vers l'Ascension naissait avec des conditions particulières qui lui donnaient les outils : suffisamment d'énergie, peu ou pas de schémas karmiques, une conscience affûtée.

Aujourd'hui, nous sommes entrés dans la Loi de Grâce. Il s'agit pour nous non pas d'abandonner notre cercle de confort, mais de l'affiner jusqu'à en faire ressortir l'Essence de Vie. Nous l'appelons aussi le nettoyage des mémoires émotionnelles. Car être dans la Loi de Grâce n'est que la reconnaissance de notre divinité, baigner dans la Plénitude de l'Instant (ou Moment pour ceux qui préfèrent) Présent.

Tout être incarné se place dans un cercle de confort, y compris les personnes qui sont clairement acceptées en tant qu' "Éveillés ". Vous utilisez énormément le terme de Lumière : guerrier de Lumière, travailleur de la Lumière, etc. La vibration de cette fréquence semble vous être connue, vous apaise et vous donne l'illusion d'être dans la Vérité. La Lumière est une fréquence de l'Un, tout comme l'Ombre. Il en existe bien d'autres. Jésus, pour ne citer que lui, n'était pas que Lumière. Il était Transparence. L'énergie du Christ (Christ Mickaël par exemple) est Transparence. Et si Jésus revenait aujourd'hui parmi vous, vous seriez nombreux à le rejeter en croyant sincèrement qu'il ne serait qu'un imposteur. Car vous ne le reconnaîtriez pas. Il ne répondrait pas à vos attentes vibratoires.

Et ce que vous feriez pour Lui, vous le faites déjà pour vos frères et sœurs terriens. Il existe déjà des êtres comportant cette signature évolutive. Mais vous ne les acceptez pas comme tels. Ils sortent de votre cercle de confort, de confiance. Et vous préférez fermer votre porte plutôt que laisser leur Amour vous envelopper avec tendresse. La méfiance est votre guide dans ces rencontres. Ou l'indifférence.

N'oubliez pas que la personnalité que vous êtes aujourd'hui sera différente demain. Et même dans une heure pour certains. Et ce sur quoi vous vous reposiez ne résonnera plus en vous.
Élargissez votre cercle à ce qui se présente à vous. Votre cœur se nourrit de la Vie, et la Vie est échange, partage, unité.

Soyez ouverture, soyez la Vie. »

Un cercle de confort est cet ensemble d'habitudes et de repères qui confirme à notre mental et notre ego que rien ne changera, qui nous réconforte dans cette sensation de stabilité et de sécurité. Un cercle de confort délimite le champ d'action du cœur et de la raison.

Pour évoluer, nous devons sortir du cercle. Mais aurons-nous envie d'en franchir ses limites si nous nous y sentons à l'aise ? C'est pourquoi notre conscience nous le fait visiter de long en large, dans toute sa rotondité jusqu'à nous y cogner, encore et encore. Le cercle ne nous apporte plus le confort, mais devient un espace d'emprisonnement. Nous rebondissons sans cesse sur ses bords, coupant net notre élan de liberté. Initialement attractif, le cercle prend un rôle répulsif pour nous apprendre à nous en détacher. Nous n'y trouvons plus la Joie et la satisfaction, nous redevenons questionneurs de notre chemin. Nous cherchons auprès de nos semblables d'autres possibilités de cercle, la confirmation qu'il y a une suite. Et nous trouvons.

S'incarner dans l'Oubli demande de tout réapprendre, construire des repères, poser des jalons pour se blottir dans un vêtement de sécurité. Nous cherchons tous le confort, le bien-être. Nous nous enseignons à trouver un sentiment d'aise et à le protéger à tout prix. Pour cela, nous commençons par quérir un modèle. Un modèle est la validation d'un ensemble de codes et d'apparences qu'il nous est possible de dupliquer à notre profit et qui sera reconnu par d'autres. Un modèle apporte un sentiment d'appartenance à un groupe, une société. C'est un but ostensible à atteindre, qui devient un statut à conserver. Nous l'utilisons comme réponse à toutes nos questions, et nous nous appliquons à nous conforter à ses limites. Nous nous soumettons à l'extérieur pour mieux endormir nos velléités intérieures qui nous dérangent.

Le modèle est notre premier pas vers nous-mêmes. Notre enfance détermine les potentialités d'accueil de l'Inconnu. Et comme nous venons d'un monde qui ne supportait pas jusque-là le vide, les questions sans réponses, nous avons intégré très tôt que ne pas savoir était un signe de faiblesse, voire une condition de rejet. La religion, la mythologie, la philosophie et la science se sont substituées au parent infortuné qui ne pouvait apaiser le dilemme de l'enfant : qui sommes-nous ? Pourquoi sommes-nous ici ? Par qui ou quoi sommes-nous influencés dans notre vie ? Y a-t-il un sens à tout cela ? Ériger des textes sacrés permettait de soulager un temps cette souffrance de naviguer dans le noir. Le mental était le guide armé dans un environnement où la survie était reine, où les connaissances intellectuelles et la force physique (la quantité) supplantaient tout autre moyen de "réussir dans la vie.

Et notre monde a évolué, continue à se transformer irrémédiablement en un environnement dans lequel l'individu prend conscience de sa richesse personnelle et de ses potentialités d'expression infinies. Il s'éveille petit à petit à l'Être, cette manifestation unique et éternelle qui prend sa source dans l'Amour et la Joie du Mouvement perpétuel. Le modèle devient caduc puisque réducteur à un cadre immobile, stérile. La science se réconcilie à la spiritualité, l'un transposant dans la matière ce que l'autre lui inspire à découvrir. L'individualité redevient fêtée et chérie. La société s'ouvre progressivement sur une communauté qui respecte chacun pour le bonheur de l'ensemble.

Le repère se tourne vers l'exemple. L'individu observe maintenant de multiples possibilités de cheminement, différentes voies d'expression. Il n'y a plus un modèle, mais de nombreux exemples auprès desquels puiser un souffle de créativité, de potentialité. Car chacun est unique, et joue avec ses compétences à l'envie. Le rayonnement est personnel et magnifié puisque issu de son intériorité. Les autres deviennent des possibles en soi à adapter, transformer, transfigurer. L'être se pare de toutes ses couleurs, sons et géométries. Il joue avec ses facettes à l'infini. Aimer s'expanse dans sa multiplicité personnelle. Le regard plonge dans les profondeurs de la multidimensionnalité. L'individu a recouvré sa Liberté en acceptant sa Responsabilité, celle qui le reconnaît être le maître joyeux de ses choix de vie, l'acteur conscient dans un jeu d'évolution dont le bénéfice profite à l'individu comme à la communauté.

Par synchronicités, notre âme allume en nos profondeurs de nouvelles voies. Les doutes affluent puis disparaissent lorsque nous ressentons la Joie, ce flambeau de la Grâce.

Un cercle appelant un autre pour se fondre en une spirale d'éveil, nous utilisons le Jeu de l'expérience avec ses étapes.

4. Le cycle de l'expérience

Le cycle de l'expérience s'appuie sur la Trinité. Il utilise trois rôles phares dans nos rapports avec les autres, se nourrissant de nos émotions jusqu'à ce que nous comprenions la sagesse de la leçon : la victime, le bourreau et le sauveur.

Pour comprendre ce qu'est la tristesse, il nous faut sortir de la joie, qui ensuite nous redirige vers la Paix. Et la Compassion. Et ressentir ces émotions impliquent de l'aide extérieure, des contrats que nous passons avec d'autres êtres afin d'expérimenter des situations qui nous font sortir de nos zones de confort, qui nous font découvrir des parties de nous dont nous n'avions pas encore conscience. Comment passons-nous ces contrats ? D'âme à âme. En Cohérence, une fois de plus. Si vous choisissez de jouer le rôle d'un bourreau, il vous faut une victime et un sauveur. Cela tombe bien, en parfaite résonance, voici une âme dont une émanation souhaite prendre le rôle de victime ou de sauveur. Dans l'Amour, vous générez cette assistance dans l'expression. Jusqu'à n'en avoir plus besoin, sortir du cercle.

Changer de perspective implique de ne plus lutter contre nous-mêmes, d'accepter avant d'accueillir pour ensuite transcender. Tel est le discernement, reconnaître que tout ce qui nous touche émotionnellement nous appartient dans sa totalité. Nous cessons de projeter en niant notre responsabilité, et nous arrêtons de vouloir changer l'autre sur qui nous n'avons aucun pouvoir. Nous déposons les armes et faisons avec, message de Miriadan :

« Nos émotions sont de précieux enseignants. Elles nous apprennent à observer, prendre conscience des schémas que nous avons mis en place afin de nous protéger, nous éloigner et nous valoriser vis-à-vis des autres. Elles nous offrent une perspective sincère sur notre place dans la vie en ouvrant notre cercle de confort au "désordre", en faisant entrer un vent de nettoyage là où nous sommes prêts à pacifier et transcender, ou marquer notre positionnement en tant que vérité intime. Sans elles, nous ne pourrions évoluer puisque nous sommeillerions sur nos acquis.

Être est en son essence une action car nous sommes le résultat d'une Volonté de l'Un. Chaque instant présent nous présente une palette de potentialités où notre discernement ajuste nos choix. Les autres, la société, sont notre miroir fidèle. Nous nous offrons ce que nous créons, et notamment l'aide de chacun dans notre quête d'authenticité. L'autre vient à nous selon la résonance que nous vibrons afin de nous faire cadeau d'une prise de conscience, en partage égalitaire car nous lui rendons ce qu'il attend de nous.

Selon notre regard sur notre environnement, nous pouvons ressentir de la tristesse, un sentiment d'injustice, de la colère ou du dégoût face à des comportements "cruels" ou blessants, que ce soit physiquement ou mentalement. Même si la notion de Justesse se conçoit, que tout est parfait et que chacun est souverain de sa vie, tant que les émotions-souffrances restent activées en soi et non reconnues comme telles, il est difficile de se détacher et de vivre dans le respect total des choix de l'autre. Car l'autre est vécu comme soi. Nous ne réagissons pas pour l'autre, nous nous projetons en l'autre selon le réflexe-schéma lié à notre souffrance intérieure.

Nous nous orientons totalement dans le cycle victime-bourreau-sauveur. Et cela est parfait car c'est ainsi que nous comprenons la valeur de l'expérience et la sagesse de la leçon. En étant victime, nous manifestons l'enfant sans défense et exprimons l'abandon de notre pouvoir, de la sécurité. Par le bourreau, nous imprimons l'absence de respect intime et notre douleur en dénaturant tout aspect de notre vie. Le sauveur appelle la reconnaissance et l'amour de l'autre afin de pallier au vide qu'il ressent.

Chaque regard de ce cycle est Juste selon les émotions activées en soi. Il s'agit d'un Jeu divin dont nous nous imprégnons pour mieux l'expérimenter dans toute son amplitude. Nos réactions en sont nos révélateurs. Être pour ou contre nous place dans ce cercle d'apprentissage, tremplin vers la maîtrise. Et lorsque nous commençons à prendre de la distance, à observer Qui Nous Sommes, alors une troisième voie se découvre : celle du Avec.

Quand votre élan vous amène à signer une pétition, à manifester, à donner votre avis, écoutez-vous sans jugement. S'agit-il d'un mouvement Pour, Contre ou Avec ? Le Pour et le Contre nourrissent la dualité en plaçant un échange de pouvoir : avoir raison. J'agis pour la paix. Suis-je contre la guerre ? J'agis pour l'harmonie. Suis-je contre le désordre ? Pourtant, la guerre et le désordre ne sont que les faces jumelles de la paix et de l'harmonie. Elles révèlent leur pôle inverse. Et un désordre secoue ce qui s'endort pour amener une harmonie sur des bases plus solides. La guerre est la conséquence d'une synergie de querelles, de luttes qui nécessitent d'être exprimées afin de pouvoir les pacifier et transcender.

Être Avec signifie vivre en étant conscient des moteurs de nos actions. Je signe une pétition avec joie, tristesse. Je ne suis ni Pour ni Contre, simplement Avec ce qui se trouve en moi et qui motive mon action. Cela m'est personnel et nullement dirigé contre un autre. J'agis avec colère, paix, amertume, difficultés. Je prends mes responsabilités d'Être Créateur de ma vie. Nul jugement ou culpabilité. Je suis comme je suis. Je reconnais que mes émotions sont personnelles. Je me regarde tel que je suis, et assume mes vérités. Lorsque je serai prêt, j'accueillerai mes croyances pour les aimer. Je vis Avec : avec moi, avec mes émotions, avec mes croyances, avec mes vérités. En acceptant de lier mes actes à mes émotions, j'ouvre mon espace intérieur à mon évolution. Avec est une clé vers la Liberté d'Être car il se nourrit de l'Authenticité. »

Ce cycle d'expérience se vit en étapes. Qui n'a pas ressenti soudainement un manque d'énergie, une irritabilité brutale, une sensation de vertige ? Ce sont là quelques symptômes de notre cheminement, développé ici par Miriadan :

« Vous l'avez remarqué, l'évolution se fait en plusieurs étapes. Nul doute que nombre d'entre vous s'apparente à Sisyphe. Et vous avez raison. Et nous précisons même que "faire et défaire, c'est le propre de ..." l'être en évolution. Pour vous rassurer, voici une perspective des étapes qui vous accompagnent sur votre chemin.

<u>1ère étape</u>
Expériences et synchronicités.
Stabilité.
Compréhension des leçons. Création de vos repères, intégration de vos vérités.
Harmonisation de l'énergie dans vos cellules : retour d'un nouvel élan, de nouvelles envies.
Stabilisation de votre cercle de confort.
Ordre.

<u>2ème étape</u>
Appel à une évolution, réception de nouveaux codes dans vos corps.
Déconstruction de vos vérités, remise en question de vos croyances.
Abandon de vos certitudes, ouverture à la Perméabilité : bilan partiel de votre parcours, regard sur vos croyances enfouies et non reconnues jusqu'alors.

Perte des repères, le corps présente au mental des signaux d'insécurité (agressivité, pensées fuyantes et nombreuses, stigmates physiques ...).
Le mental est saturé, les émotions affleurent. Ressenti de gênes, de peurs, de souffrances en soi. Mal-être ou dissonance avec son Être.
Désordre.

3ème étape
Lâcher-prise.
Le corps se détend via l'acceptation de la libération des émotions (larmes, cris, colère, etc.). Selon son éveil, un sentiment d'injustice de se retrouver dans cet état, de revoir des souffrances revenir alors qu'on les a perçues pacifiées, peut se révéler.
Le cœur apporte son réconfort, apaise. Acceptation.
Un Vide s'installe.
Déconstruction de l'ancien validée.

4ème étape
Réception de nouvelles vérités, temps de pause.
Éclairage sur le parcours et allègement (prise de recul), pose des nouveaux jalons.
Construction du cercle de confort selon les expériences et synchronicités.
Stabilité.

Il n'y a pas de règles strictes dans ce schéma, car chacun est unique. Il s'agit d'un cycle général qui fonctionne ici et maintenant. Sachez simplement qu'il n'y a jamais de recul, de retour en arrière. Vous êtes dans un mouvement d'évolution qui vous propulse vers le meilleur de vous-même, ce qui implique la prise de conscience de ce qui se trouve en vous et qui a son Juste moment pour se présenter à votre attention. Ce qui ne résonne pas pour vous actuellement ne veut pas dire être faux. Cela peut signifier que vous vibrerez dessus demain. Ou jamais. Mais qui est vrai pour l'autre. Et comme l'autre est vous, vous ne faites qu'expérimenter par le biais d'un frère/sœur avec qui vous êtes en lien d'Essence. Lorsque vous serez en communion, en conscience, vous ressentirez comme vôtre ces leçons. C'est ce que vous faites déjà par les vies simultanées, ou dites "antérieures". »

Sur ce chemin d'éveil, nous recouvrons progressivement notre Discernement. Nous pouvons dire qu'il croît au même rythme que notre sens de l'observation. Car il fonctionne de la même façon, en prenant du recul sur nos réactions. Le discernement s'apprend grâce à nos « erreurs ». Tout comme la leçon, il s'appuie sur la répétition d'un schéma pour en comprendre les rouages. Grâce à lui, nous ressentons la différence entre le jeu du miroir émotionnel et l'empathie aimante, quand parler et quand nous taire, ce que nous pouvons transformer et ce qui est à respecter dans l'état. Le discernement fait partie du cycle de l'expérience, il accompagne la maturité de l'être.

Vers quoi tendons-nous progressivement lorsque nous sortons du cycle de l'expérience, que nous effectuons un saut quantique ? Notre Souveraineté, qui se décline dans le Pouvoir personnel, recouvrer nos Choix divins.

Souvenirs quantiques

5.   Le Pouvoir personnel

Message de Miriadan :

« L'Un vous a doté de tous ses attributs, de toutes ses merveilles. Lorsqu'Il/Elle a exercé son regard sur le Jeu dans lequel vous avez accepté de participer avec Joie et Enthousiasme, Il/Elle a autorisé toutes les potentialités de réalité afin que vous puissiez expérimenter les émotions et les sentiments au plus loin de sa Grâce. Car tout est illusion, il n'y a jamais eu de séparation de son Amour. L'Un s'était placé au Centre de votre Cœur pour que vous puissiez vous ressourcer au sein même de votre désespoir. Le Yin et le Yang en miroir l'un de l'autre.

La Loi d'Attraction vous a donné un pouvoir personnel : le libre-arbitre. Ce libre-arbitre restait partiel car il ne vous autorisait pas à reprendre votre corps d'Êtreté et vos lignées tant que durait l'Aventure de la "descente" au sein de ce que vous appelez "l'Ombre".

En ces jours bénis, du signal de l'Équilibre, de la reconnaissance que toute création et expérience est sacrée que ce soit par l'Ombre ou la Lumière, vous recouvrez progressivement votre Unité, votre Intégrité. Vous accueillez la Grâce.

La Loi de la Grâce vous appelle à revenir à la fluidité de la Vie, à la Vérité de la Beauté et de la Générosité, du Partage. La Sagesse ouvre vos sens que les autres sont une projection de vous-mêmes, et que vous êtes tous appelés à la réunification "essencielle", à la Complétude. Vous flottez dans des eaux d'allégresse et de Paix, vous naviguez sur des océans d'Ouverture. Votre Cœur vous offre votre Essence.

Vous intégrez le Féminin Sacré de la Vie. Vous accueillez ce qu'elle vous apporte en toute liberté et reconnaissance que vous êtes aimés, que vous êtes Amour, et que vous êtes Service de l'Un.

Vous vous dépouillez de l'Ancien pour revêtir votre habit de Transparence, celui qui se pose dans l'Impermanence, qui écoute chaque vibration de ses corps et relie vos Soi multidimensionnels.

Vous êtes dans la satiété et le Repos. La Magie de la Vie se déploie sur votre chemin, inscrivant en vous votre origine divine et la Gratitude.

Le pouvoir personnel est l'Équilibre. Le pouvoir personnel est aussi la reconnaissance en Vous que vous disposez de votre Choix. Dans cette dimension, vous avez oublié que vous avez choisi de vous incarner dans ces instants de Changement afin de participer au Mouvement. Vous êtes Acteur du Changement.

Le pouvoir personnel appelle au Masculin Sacré. Ces feux d'Évolution, qui unissent la création et la destruction en une même Unité, vous illuminent dans votre espace. Ils procèdent à votre éveil, tout autant que le Féminin Sacré car ils purifient vos corps afin que la Pureté de l'Amour emplisse vos sphères énergétiques. Ce sont ces feux qui allument vos cellules et les ouvrent aux sauts quantiques.

Ce sont encore ces feux qui parcourent votre corps sous le nom de Kundalini. Parce que vous l'avez demandé, parce que vous avez choisi de vous éveiller, parce que vous avez agi en ce sens par l'envoi de signaux pour que vos miroirs extérieurs vous guident vers vous-même.

La Loi de la Grâce s'apparente au Féminin Sacré. Pour que vous puissiez vous placer en votre Centre, là où Tout Est et N'Est Pas. Là où votre Essence anoblit votre Magnificence.

Et la Loi de la Grâce vous redonne votre pouvoir personnel, votre Souveraineté. Vous êtes votre magicien et votre artisan. Vous disposez des attributs de l'Un, vous disposez des potentialités de Création et d'Évolution. Vous avez le Pouvoir de décider de Votre Vie, d'entrer dans l'Action que votre cœur vous souffle.

Vous avez été Observateurs lors de la préparation de cette Aventure. Et votre Essence divine vous a insufflé l'Envie de Participer. Vous. Car vous désiriez aider le Plan de l'Un, vous étiez et êtes dans une vague de gratitude afin que votre Amour pour l'Un irradie votre Être.

Agir en acceptant que vous disposez du Choix Sacré : en plaçant votre attention sur ce qui vient à vous, en intégrant ou ignorant, mais en vous positionnant clairement en Vous, tel est le Masculin Sacré. Nul jugement car toutes les voies sont Justes. Nulle appréciation de valeur, car ce qui ne répond pas à vos énergies aujourd'hui résonnera peut-être en vous demain. Vous positionner. Lancer en vous la flèche de Qui Vous Êtes maintenant, pour que les portes des potentialités se présentent à votre Conscience. Pour que vous avanciez en Vous dans la tendresse de votre Féminin Sacré qui vous assure de votre Beauté.

L'Amour est l'union du Féminin et du Masculin Sacrés. Car l'Amour est le Sang de l'Un, et l'Un Est.

Agir par Amour n'est qu'Être Amour, puisque l'Action est un attribut de l'Amour, tout comme la Compassion ou le Partage. Lorsque l'Un émet les émanations issues de son Feu Vibral Primaire, il/elle est Action.

Tel est le pouvoir personnel. Action par un positionnement, le Choix Divin, qui se nourrit de l'Essence de votre Être. Votre Alignement, l'Impeccabilité.

Que votre Pouvoir Personnel s'illumine dans le diamant de votre Cœur. »

Avoir conscience signifie choisir en sachant déjà quelles seront leurs possibles implications et en les acceptant. Tels sont les Choix divins.

Lorsque nous sentons qu'un Choix est propice pour évoluer ou manifester Qui Nous Sommes (émettre ou non un jugement de valeur sur une personne par exemple), nous recevons par notre intuition ou cœur immédiatement ce que cela peut produire dans notre vie ou quelle fréquence nous transmettons à l'autre.

Aussi pouvons-nous modifier ou annuler nos paroles ou actes au moment même où nous parlons ou faisons. Nous agissons sur la partie quantique de l'événement avant même son apparition en nous connectant à la multidimensionnalité des plans d'existence. Le Temps a déployé les potentialités d'Instant Présent avec ses synchronicités, et notre conscience a observé les effets de nos choix. Nous en sommes informés simultanément.

6. La Responsabilité

Message de Miriadan :

« La responsabilité. Voici un terme qui fait peser un poids sur vos épaules, n'est-ce pas ? Votre imagination, votre mental vous dessinent un cadre hermétique qui vous emprisonne dans sa cage de fautes, de charges, de jugement par les autres et par vous-mêmes.

La responsabilité est inhérente à l'ascension, mais ne vous charge pas d'un lest maussade empreint d'obligations contraignantes. La responsabilité de l'ascension vous apporte la Conscience.

L'ascension n'est en aucun cas une récompense pour services rendus, ni un lot obtenu après maints efforts. L'ascension est une reconnexion naturelle à vos sois multidimensionnels. Nul ne vous offrira quoi que ce soit selon les souffrances ou les peines vécues lors de vos incarnations. Non, vous serez fêtés, il est vrai, accueillis avec joie et amour non parce que vous avez accompli ce que vous désiriez, mais simplement parce que vous reviendrez auprès de votre famille.

Lorsque vous commencerez à vous dévêtir de vos manteaux usés qui vous maintiennent dans votre illusion, vous verrez scintiller les vertus que vous présentez en vous : l'Amour inconditionnel, la sagesse, la compassion, la générosité, le sens de la communauté. Et vous relierez la Beauté à la Conscience.

La Conscience est la connaissance des liens énergétiques multidimensionnels qui existent entre tous et tout. La Création est Unité. Nulle séparation. Lorsque vous effectuez un Choix, vous initiez un mouvement d'ondes qui s'éloignent à l'infini. Et ce Choix, vous le prendrez en toute connaissance des conséquences émanant de votre pouvoir personnel. Ainsi est notre définition de la responsabilité.

Cela peut vous effrayer, mais lorsque vous êtes prêts à l'accueillir, vous en ressentez toute la Joie, toute la créativité et l'Unité qui vous est déposé en votre émanation. Nul ne vous l'impose, vous êtes le demandeur. Votre cœur palpite de plaisir et de gratitude devant la Grandeur de votre Divinité. Car Responsabilité sous-tend alors Bien Commun. Vous êtes les acteurs enjoués d'un Présent fertile et aimant.

La responsabilité qui vous est remise de droit, en tant que souverains de votre Vie, dépose en vos mains les diamants de la Création. Vos Sois multidimensionnels sont vos guides et chaque décision devient une source de croissance personnelle.

Vous êtes alors l'union des Lois divines. Et vous reprenez votre flambeau magnifié pour éclairer tous ceux qui vous le demandent. En Conscience. Avec Joie.

Lorsque vous appellerez vos Sois à s'unir avec vous, vous recouvrez votre Intégrité. Et l'Intégrité est Rectitude, Transparence, Responsabilité. Conscience. Telle est la Maîtrise.

Que la clarté de votre Esprit s'unisse à l'Amour de votre Cœur. Et Vous Serez. »

Au cours de notre éducation, nous avons appris que la raison était le guide vers la respectabilité et la responsabilité. Nous devions donner notre attention avec sérieux, dévouement et abnégation. Faire son travail sans effort, avec gaieté, donnait de nous une image peu flatteuse, voire laxiste. Imaginez votre notaire ou votre médecin joyeux et avec le sens de l'humour. Quelle impression avez-vous ? Pourtant, c'est ce vers quoi vous tendez aujourd'hui, en revenant vers votre responsabilité naturelle.

La Responsabilité s'étend dans la Joie, la simplicité, la facilité. Vivre dans l'Instant Présent est ce qui vous est demandé, avec Conscience.

L'Instant Présent est simplicité et fluidité. Ce qui exclut toute notion de punition ou de mérite puisque nous disposons de tous les droits pour nous. Nous ne sommes pas en joie aujourd'hui ? Nous avons le droit d'être triste et de l'exprimer dans notre intimité.

Notre responsabilité nous parle d'honnêteté envers nous-mêmes. Si nous nous sentons tenus de présenter une façade protectrice à l'extérieur, abandonnons tout artifice pour enfin nous regarder tels que nous sommes : des êtres avec des émotions en lien avec des expériences de vie. Nous sommes tels que nous sommes, porteurs de tourments et de joies, de larmes et de rires. Dans l'Instant Présent, nous manifestons Qui Nous Sommes sans mensonge, sans tromperie. Nous agissons selon nos bagages. Nous sommes toujours en Justesse. Nous faisons Avec, en action ou réaction d'après nos souffrances ou libertés. S'assumer ou se victimiser, parler ou se taire repose sur notre état d'être : oser montrer qui nous sommes, ou pas. Nous manifestons où nous en sommes sur la voie de notre éveil. Et cela est Juste. Nous ne pouvons pas être autrement que ce que nous sommes dans l'Instant Présent, comme le souligne Miriadan :

« Nous vous l'avons déjà expliqué, car cela fait partie de votre éveil. Nous allons ici détailler cette ligne d'horizon que souvent vous regardez sans en saisir la saveur. Cette étape dans votre éveil vous propulse à l'intérieur de vous tout en élargissant votre perspective. Elle vous propose un bond en avant si vous acceptez toute son amplitude en vous.

Une des Lois de l'Un est que vous êtes tous et chacun pleinement souverains de vos choix et de votre monade. Cela signifie que nul ne peut vous imposer quoi que ce soit, ni pénétrer dans votre espace intime sans votre permission. Et comme vous êtes faits d'Amour, tout se passe au niveau de votre âme, là où la Conscience étend ses perceptions sur toute la Création et ce qui lui est Juste de recevoir. Cela ramène au libre-arbitre comme au lâcher-prise, avoir confiance en Vous.

Votre Responsabilité est d'accueillir Qui Vous Êtes. Telle est votre Rectitude : reconnaître que tout ce qui existe autour de vous n'est que la projection de votre intériorité, vos désirs, votre Volonté. Et un des éléments clés de votre cheminement se déploie dans le Respect. Respect de vous-mêmes, et ainsi de l'autre. Ce Respect chemine sur votre honnêteté, votre sincérité avec vous-mêmes. En voici la matière première, le matériau de lumière : tout ce que vous ressentez provient de vous, et uniquement de vous. Tant que vous n'êtes pas Transparents, en Paix et en Unité, vous vous éloignez de l'empathie aimante qu'est le Détachement.

Vous croyez sincèrement ressentir la souffrance, la colère, l'orgueil ou la paix et la joie de l'autre. Il n'est qu'un miroir qui fait résonner en vous le contrat d'âme. Seule la Transparence, qui s'accomplit dans l'humilité et la compassion, accompagne l'empathie. Quand vous vibrez sur une émotion qui parcourt votre corps en lien avec un autre, vous êtes dans le cycle victime-bourreau-sauveur. Vous répondez à votre demande de prendre conscience de ce qui attend en vous. Beaucoup appelle cela de l'hyper-sensibilité, de l'émotivité, et appose le terme d'empathie. Nous vous ramenons vers vous. Vous ne ressentez en aucun cas l'émotion de l'autre. Seule votre émotion, la vôtre, fait appel à votre attention. Vous êtes dans une expérience intime pour laquelle vous avez sollicité un autre qui est en accord parfait avec votre musicalité.

L'empathie aimante est le Détachement. Vous êtes conscients que tout est créé par vos croyances-vérités et restez ouverts à vos retrouvailles personnelles. Vous êtes observateurs de votre chemin. Lorsque vous êtes en présence d'un contrat, en toute transparence, vous ne résonnez que sur la Compassion et le Respect du choix de l'autre. Vous êtes libres de communiquer, transmettre, ce que l'autre vous demande sans implication affective autre que l'Amour.

L'autre est un magnifique miroir. Selon vos vibrations, il répondra parfaitement à vos sollicitations d'âme. Quand vous pensez sentir en l'autre la Paix, la Joie, la sincérité, vous restez dans un flux qui provient de vous-mêmes et qui émet vers vous votre Paix, votre Joie, votre sincérité. L'autre est l'écho de votre positionnement intime, sans voile ou quiproquo. Il manifeste à votre regard ce que votre mental, messager de l'enfant intérieur, signale à votre attention depuis quelque temps.

Telles sont votre Responsabilité et votre Rectitude : accepter que tout provient de vous, sans exception. Alors vous vous reprenez dans vos bras et commencez à guérir dans votre Amour. »

Nous disposons près de nous d'un miroir magnifique et expressif : les enfants. Ils sont nos retours directs et sans fioritures de notre état intérieur. Qu'ils fassent partie de notre cercle ou pas, ils appuient là où cela nous fait mal. Ne dit-on pas que la vérité sort de la bouche des enfants ? A juste titre, selon Miriadan :

« Selon la programmation de votre chemin et les contrats d'âme, vous connaissez la joie de vous faire accompagner par un compagnon ou une compagne. Et lorsque vient le moment Juste, vous faites venir en votre famille des êtres aimés et aimants, les enfants, que ce soit de "sang" ou d'adoption.

Les enfants sont le miroir de votre enfant intérieur. Ils sont de magnifiques caisses de résonance. Ils sont immédiatement connectés à votre intériorité, et vous aident à prendre conscience lorsque vous vivez en désaccord intime. Pour vos enfants, seule votre vibration porte votre vérité. Et si celle-ci ne se retrouve pas dans vos paroles, vos pensées ou vos actes, alors ils plongent dans le jeu de l'expérience selon le regard de la victime, du bourreau ou du sauveur. Leur raison d'être avec vous se déploie sur la mise en lumière du meilleur de vous-mêmes.

Les enfants sollicitent votre honnêteté. Ils n'attendent de vous que votre authenticité, gage de votre amour inconditionnel. Vos enfants sont vos prolongements naturels puisque branchés sur vous. Ils prennent tout de vous, y compris vos secrets. Ils grandissent en activant leurs expériences, mais aussi en acceptant par amour de continuer votre chaîne de souffrances non pacifiées. Car venir dans une famille signifie prolonger une hérédité, c'est-à-dire reprendre en soi les valeurs et les douleurs des parents et aïeux. Si les parents n'ont pu se libérer de leurs incompréhensions, les enfants choisissent - avec joie - de saisir cette potentialité, d'offrir ce cadeau à leur lignée ADN et de cœur.

Notre société impose la croyance aux parents que les enfants leur appartiennent, qu'ils sont la consécration de leur avancée, un acte d'immortalité par le maintien d'une partie d'eux sur Terre. Ils leur font porter leurs espoirs, leurs regrets, leurs échecs et leurs réussites. Et s'ordonnent d'être un héros, un symbole de sécurité et de permanence. Les parents doivent avoir réponse à tout. La déception qui en découle blesse profondément les enfants, non par le fait du mensonge mais par la négation du parent de son illusion, de son refus d'en prendre conscience.

Selon la perspective de l'Un, les enfants n'appartiennent à personne, sinon qu'à eux-mêmes puisqu'ils sont des êtres souverains divins. Ils ne demandent qu'à être guidés vers leur confiance intérieure, recevoir les pistes d'apprentissage qui les conduisent à l'autonomie et à la liberté. Les parents restent des accompagnateurs bienveillants et aimants, répondant aux sollicitations sans imposer, permettant à l'enfant de développer progressivement sa réflexion et son discernement, offrant une ouverture à l'Inconnu avec les vastes horizons encore inexplorés par les parents.

Quand arrive une croisée de chemins pour les parents, que le père et la mère se séparent, vous expliquez en toute bonne foi à l'enfant que vous ne vous aimez plus. Pour l'enfant, vous édictez deux lois qui ébranlent sa stabilité : l'amour peut s'arrêter et il est dépendant d'une autre personne. En cela vous insérez en lui qu'il est possible pour un parent de cesser de l'aimer, lui, l'enfant. Il ne comprend pas car il ressent un amour inconditionnel pour ses parents. L'amour est donc faillible et conditionnel ? L'enfant retourne en lui sa question. "Ai-je su les aimer assez ?" La séparation devient douleur, le doute sur sa culpabilité pointe. Si sa raison confirme les paroles des adultes, son cœur lui transmet un autre message : l'amour est toujours là, inaltérable, d'âme à âme. Ce n'est pas par manque d'amour que les parents s'éloignent, mais bien parce qu'ils ont vécu tout ce qu'ils avaient choisi de partager ensemble, qu'ils se sont offerts les cadeaux de l'expérience, et que leur chemin vers leur épanouissement appelle à de nouveaux approfondissements. L'enfant sollicite de votre part ce réconfort, ce regard objectif et large sur votre parcours détaché des pôles d'attachement, de colère et de déception. Pour vous, comme pour lui.

Être un parent revient à observer en soi ses croyances, ses schémas, ses souvenirs liés à l'enfance et à l'éducation reçue. Avoir un enfant ouvre les portes de l'introspection, et faire résonner en soi l'amour inconditionnel. L'enfant nous apprend à nous détacher afin de respecter son chemin et sa personnalité. Nous ne le formons pas, nous l'accompagnons un instant dans la découverte de son individualité. L'ouverture à la communauté se révèle selon la confiance qu'il a en lui et en la vie. Vous êtes son exemple. Il ne réclame de vous que votre conscience.

Votre responsabilité s'arrête à votre monade. Vous êtes en contrat d'âme avec votre enfant. Ce dernier a accepté l'intégralité des potentialités liées à votre cheminement intérieur. Il vit dans l'instant présent et se nourrit du partage d'amour. Car plus vous vous aimez, plus vous ouvrez votre cœur, et plus vous justifiez sa présence avec vous. Vous accomplissez votre contrat. »

L'enfant, que ce soit dans notre vie ou dans notre intériorité, est un maître. Il se manifeste toujours en Justesse. Il nous énerve par ses questionnements, nous pousse dans nos retranchements, nous gêne à tout moment ? Remercions-le, il ne fait qu'attirer notre attention sur le fait que nous ne nous autorisons pas à nous aimer tels que nous sommes. Nous nous refusons le droit de vivre pleinement Qui Nous Sommes, nous limitons notre liberté d'expression. Et parce que l'enfant est un maître, il oubliera très vite notre réaction de protection par la colère, la punition, les cris ou l'humiliation. Car il sait que cela n'est qu'un Jeu, qu'il en est un acteur dans un rôle précis auprès de nous, à notre demande. Cet échange participe à notre éveil, même si nous n'avons pas encore remarqué la graine qui a été posée en nous.

Il se peut que nous nous sentions coupables après coup. Une fois encore, revenons au Jeu joyeux et à la Perfection de la Vie. Tout est contrat, y compris le partage conflictuel. Nous disposons du Choix :

plonger dans la culpabilité qui sera un tourment, ou observer les schémas qui se sont invités dans notre duo pour les reconnaître et les transformer. Nous sommes Responsables de nous-mêmes, à 100 %. Nous avons tout pouvoir sur nous. Y compris celui de demander pardon à l'autre et dire que nous l'aimons. Allons vers la simplicité, sans honte ni jugement, car notre enfant intérieur et incarné ne comprend que l'accueil et l'amour. Le Pardon nous est déjà acquis, tant que nous soyons honnêtes avec nous-mêmes, telle est notre Responsabilité.

Souvenirs quantiques

7.   La Maîtrise

Maîtriser. Ce terme emprunte bien des visages, et surtout celui de la Connaissance. Pour beaucoup, un maître se doit de connaître par cœur des règles, lois, et les conséquences qui en découlent. Un Maître est ce guide placé sur un piédestal disposant de la science infuse, voire de l'omnipotence. Le mental est glorifié, l'erreur désavouée. Selon cette perspective, il est plus agréable de rester l'élève que l'enseignant.

Tout comme la Responsabilité, la Maîtrise dans l'éveil reflète un aspect plus léger, libérateur, comme l'éclaire Miriadan :

« Nous sommes heureux de pouvoir vous entretenir d'un domaine qui vous paraît simple et compliqué à la fois : la maîtrise.

Nous vous en parlons dans de multiples messages, les éveilleurs de conscience et les traceurs de voie vous expliquent que la maîtrise est l'étape de votre retour à votre souveraineté, à votre Puissance divine.

Pour certains d'entre vous, la maîtrise est la connaissance des Lois divines. Pour d'autres, il s'agit du   perfectionnement   d'une   ou   plusieurs compétences. Très peu perçoivent les fondements sur lesquelles ce positionnement se place, car il s'agit d'un positionnement.

Vous n'avez nul besoin de vous emplir de notions. Vous cheminez vers votre maîtrise lorsque vous vous alignez, c'est-à-dire que vous vous placez en harmonie avec votre âme et votre Soi. Cela demande d'accepter de ne rien savoir, de vous vider de toute notion d'importance tout en vous illuminant de votre magnificence.

Vous êtes une extension vibrale de votre âme. Vous représentez le Point d'Unité, le Centre de Tout. En vous se trouvent toutes les richesses de l'Un. Aussi êtes-vous porteurs de la totalité des potentialités, des réalisations et des novations dimensionnelles. Et parce que chacun de vous représente le germe de la Vie et de la Création, chacun de vous revêt le manteau du Maître.

Ce manteau est disposé au sein de votre cœur. Avoir accès à votre Reconnaissance, à votre divinité, demande de votre part votre abandon à vous-même. Votre positionnement est d'accueillir votre Transparence, devenir un pur canal de la Volonté de l'Un qui est aussi la Vôtre.

La maîtrise est d'oublier votre personnalité, vos désirs, votre ego et votre mental, vos expériences et vos rêves pour que la Fluidité et l'Abondance de l'Amour s'écoulent par votre Rectitude. Maîtriser une compétence est possible lorsque vous prenez conscience que vous êtes principalement un Serviteur dédié à la Transmission. Car une compétence est l'attribut d'un Feu. Lorsque vous êtes prêts et que votre programme de vie l'a inscrit sur votre voie de réalisation, un Feu gardien de la compétence souhaitée emplie vos cellules de sa Puissance. Nulle possession mais un juste échange d'Amour. Vos cellules s'ouvrent à l'énergie dédiée et intègrent sa signature à leur champ quantique. Vous créez un pont entre votre incarnation et le Feu gardien de la compétence.

Plus vous vous nettoyez, plus vous intégrez les Lois divines, et plus vous devenez Transparents. L'Oubli de ce que vous savez au plus profond de vous est la clé d'accès à Tout Ce Qui Est. C'est ainsi que la Lumière peut se refléter et rayonner à travers vous, sans restriction ni limites. La maîtrise est un fleuve qui s'écoule librement d'amont vers l'aval et d'aval vers l'amont. Lorsque vous êtes dans la maîtrise, vos cellules reflètent votre liberté d'être et acheminent jusqu'à vous les informations dans la cohérence et au Juste Moment, de la meilleure des façons. Ainsi s'apprécie la Paix en Soi : un mental serein disponible à la Joie et à la Beauté. Vouloir garder à l'esprit des notions revient à vous enfermer dans un cadre oppressant, à restreindre votre évolution et votre participation dans le Jeu de la Vie.

La maîtrise se déploie dans la Foi, la Foi en Vous et en votre cheminement. Rien ne vous appartient et pourtant Tout vous est offert, et n'attend que votre acceptation d'être un Passeur d'Amour. Telle est la Maîtrise. »

Il s'agit d'un véritable appel d'air, une profonde inspiration qui nous libère de nos obligations. Nul besoin d'emmagasiner par le mental, juste s'ouvrir à la Connaissance quantique à laquelle nous avons accès par notre cœur. Il nous suffit d'accueillir, d'intégrer et d'oublier. Tout est conservé dans nos cellules qui sont des portes vers la Bibliothèque cosmique. Quand il est Juste que cela nous revienne en mémoire, l'information est enrichie et d'autant plus vibrante. A nous d'avoir confiance en Nous, de revenir à notre Innocence.

La Maîtrise est la Transparence. Nous expérimentons les deux pôles d'une compétence pour en saisir toutes les nuances, pour revenir à son aspect central qu'est la neutralité. Tant que nous avons « besoin » de quelque chose, nous nous fermons à sa puissance puisque nous ne voyons qu'un pôle. Une compétence se dévoile dans la liberté, sans filtres émotionnels pour apprécier sa dualité. Plus nous déposons nos croyances et nos attachements, et plus nous nous mettons en accueil de cette énergie. C'est pourquoi la Maîtrise nous questionne sur notre Foi en nous. Sommes-nous prêts à naviguer sur l'Inconnu, sans carte ni boussole autre que notre cœur ?

La comparaison peut nous accompagner en Justesse dans cette découverte de nous-mêmes. Non pas celle qui nous place dans un statut d'infériorité ou de supériorité, de bien ou de mal, mais celle qui nous positionne Ici et Maintenant.

Message de Miriadan :

« En vous se trouve un temple, celui de votre êtreté. Il est pareil à mille soleils par son rayonnement et son influence. Vous tournez autour de lui par votre révolution et connaissez des périodes d'éloignement puis de rapprochement.

L'évolution est un chemin où bien des détours sont possibles. Chaque méandre, chaque raccourci ou pente abrupte vous offrent un accès à des trésors intimes. Il n'y a cependant jamais de retour en arrière car seul l'Instant Présent existe. Vous êtes en création continue, par vos émotions, pensées, intentions et souhaits. Vous êtes en vibration constante. Votre note, couleur, géométrie et substance se modifient à l'infini. Aussi n'y a-t-il ni début, ni fin.

Vous placez le début de la Création avec l'expulsion des âmes et des Sois hors de la matrice Primordiale. Il ne s'agit là que d'une étape qui suit une autre étape. Car la Source est elle-même le résultat de l'ensemble des manifestations exprimées par elle. L'Alpha est l'Oméga, et l'Oméga est l'Alpha. Qu'est-ce que l'Alpha sans l'Oméga ? Rien. Une idée sans matérialisation reste stérile, un acte manqué selon votre point de vue. La Création est le désir de l'Un de se regarder, de conscientiser sa Présence. Mais l'Oméga ne serait rien sans l'Alpha puisqu'il en est le résultat.

Placez-vous dans un endroit où il n'y a ni murs, ni sol, ni ciel, ni repères d'aucune sorte. Nulle vie. Nul miroir. Comment vous définissez-vous ? Difficile de répondre sans critères. C'est cela que nous représentons les uns pour les autres, des critères de comparaison. S'il est dit que la comparaison est inutile puisque nous sommes uniques dans notre cheminement, elle reste un cadeau d'éveil. Se comparer à un autre afin de déterminer si nous sommes mieux ou pire nous ramène à une mésestime de soi intérieure, à un appel de notre enfant intérieur devant une incompréhension. Se comparer à un autre pour évaluer notre parcours, prendre acte de ce que nous avons dépassé et transcendé, libéré, est une perspective de bilan.

Nous restons des bases de comparaison, des critères que l'Un met en place dans l'objectif de faire scintiller toutes ses potentialités. La transparence demande que nous acceptions nos blessures, nos erreurs selon un positionnement d'Amour, de compassion. Car nous sommes chacun un exemple pour l'autre, sans notion d'âge ou d'expérience. Sans l'autre, nous ne pourrions manifester en nous le désir d'évoluer. Sans nous, sans la totalité de la Création, l'Un ne trouverait aucun écho à son Amour.

L'Humanité n'est pas d'exprimer la Lumière, mais de faire étinceler les Pôles de la Trinité. L'univers s'est déjà projeté dans la Séparation avec les multiples nations qui le composent. Notre rôle est d'ajuster les regards selon la compréhension que Tout est naturellement divin, et dans l'Ordre. Nous sommes les enfants issus du mariage des Pôles, et comme tout enfant, nous exprimons la synthèse de l'existant afin d'en faire une Source de créativité. Nous sommes un Milieu. A nous de nous réaliser en tant qu'élément de comparaison offert à tous ceux qui souhaitent évoluer en Sagesse. »

La comparaison nous ramène également à la mission, cette quête que nous prévoyons heureuse dans la réalisation dans l'action. Car nous croyons que c'est en ayant (une compétence, des biens, des amis) que nous trouverons la satiété. Alors, nous regardons notre voisin, ce qu'il a ou n'a pas, fait ou dévoile par ses paroles. Nous nous attachons aux apparences, établissons que l'autre a moins souffert, moins longtemps. Et surtout, nous demandons que les regards se tournent vers nous, nous prennent en considération, nous respectent. Nous ne pouvons nous empêcher de valoriser ou dévaloriser notre chemin selon ce que l'autre miroite. Nous souffrons de sentir ce Vide, cette absence de Soi. Et ce manque nous taraude, nous force à chercher le joyau en nous. Quelle est notre mission de vie ?

Message de Miriadan :

« Nombreux d'entre vous sont en quête de leur mission, de ce qui leur donnera le feu sacré, l'enthousiasme et la foi en leur incarnation.

Être en quête vous place en attente. Tous avez une mission qui vous est propre, bien sûr. Tous êtes porteurs d'une étincelle unique. Tous êtes aimés au-delà de votre imagination.

Nous vous avons déjà expliqué que la mission première de tout être incarné est d'être en Paix, dans la Joie. Autour se disposent des missions "annexes", satellites qui changent selon votre évolution.

Lors de votre venue en votre densité, vous avez oublié et vous vous êtes laissés diriger par les égrégores en résonance avec vos mémoires et vos expériences. Votre chemin s'est vu recouvert de plantes sauvages et de ronces aiguisées. Votre champ de vision s'est alors limité à ce paysage aléatoire peu rassurant, et qui pourtant représente votre quotidien accepté et même protégé. Les habitudes vous ont enracinés dans une prairie marécageuse.

Est-ce mal ? Nullement, car cela vous apporte une connaissance de vos craintes, de vos doutes et de vos incertitudes qui vous enrichit d'un terreau prolifique. Est-ce bien ? Nullement, car cela vous restreint à une prestation qui vous renvoie une image de vous peu flatteuse. Vous vous sous-estimez.

Votre chemin est tel qu'il est. Ni bon, ni méchant. Il répond simplement à votre façon de vous concevoir.

Une mission, telle que vous la concevez, présente une graine d'harmonie. Et cette graine se plante sur votre chemin. Tant que vous laisserez les ronces et les herbes folles recouvrir votre terre, la pluie vivifiante et le soleil d'amour ne peut la faire pousser, éclore, s'épanouir. A peine se laissera-t-elle apercevoir qu'elle sera étouffée par vos doutes, vos peurs, votre rejet de vous-mêmes.

Une mission ne peut vous révéler à vous-mêmes. Vous seuls avez ce pouvoir.

N'attendez plus que le monde s'ouvre à vous. Vous êtes le monde. Plongez en vous-mêmes. Prenez de la hauteur ! Car il s'agit bien de cela. L'univers entier est présent en vous. L'Un est en vous. Pour voler vers les cieux, vous avez à apprendre la spéléologie.

Votre mission n'est pas d'aboutir à quelque chose, de réaliser quelque chose. Votre mission est de nettoyer votre chemin, dans la Paix, la Joie et l'Amour. Pas après pas, saut quantique par saut quantique.

Vous êtes précieux. Vous êtes le miracle de l'Amour. Et cela, il n'y a que vous pour y croire dans votre rectitude et votre transparence. »

Être est la mission de vie. Faire en est le prolongement. La Vie est généreuse, nous sommes toujours soutenus et accompagnés dans cette voie. A la question d'une internaute « Quels sont mes outils de vie ? », voici la réponse de Miriadan :

« Ma chère sœur,

la réponse qui va t'être apportée est celle qui convient aussi à tous ceux qui s'incarnent sur cette belle planète, ainsi qu'à toute la création.

Car les outils de Vie sont d'ordre spirituel, et non matériel dans le sens où vous le percevez dans votre dimension dissociée.

Vous êtes nombreux à croire avoir une mission d'incarnation qui ne peut se concrétiser que par une profession, une expression dans votre carcan culturel. Or, les outils de vie reposent sur votre intériorité.

Les outils de vie sont : la compassion, la sagesse, l'amour, le partage, la foi. Ce sont ces vertus qui vous poussent à regarder en vous, afin que la Paix et la Joie vous emplissent.

La compassion vous ouvre à l'autre par la reliance de vos expériences. Vous comprenez la souffrance ou les illusions qui encerclent la personne et lui ferment les yeux sur la Grâce de sa Vie.

La sagesse vous place en tant qu'observateur de la vie de l'autre. Vous ressentez profondément que ce qu'il a choisi de vivre, c'est en lien parfait avec sa programmation de vie.

L'amour vous apporte satiété et équilibre. Vous savez que vous êtes aimé pour Qui Vous Êtes, et que vous recevez et donnez sans limites.

Le partage car l'amour ouvre votre cœur à l'éternité et vous fait reconnaître que les autres sont vos frères et sœurs, issus du même Feu Vibral. Et donc qu'ils ne sont qu'une variation de votre propre expression.

La foi car l'amour que vous porte l'Un chante à votre cœur que le meilleur vous est donné à chaque instant de votre vie, et que cela est exponentiel. Vous dessinez pour vous-même ce qu'il y a de plus beau.

Lorsque vous prenez vos outils de vie en main, vous partez en votre intériorité afin de ramener au sein de votre cœur les enfants en souffrance. Vous ne vous refusez plus rien car vous savez que tout est source d'éveil et de joie. Et chaque opportunité d'exprimer votre vérité personnelle, Qui Vous Êtes, est saisie avec enthousiasme et sérénité. Vous n'avez plus peur de vous positionner en tant qu'être divin, souverain de sa vie. Et si une porte se ferme, vous reconnaîtrez simplement que votre évolution vous appelle à l'Inconnu, celui qui dépose à vos pieds les cadeaux de la Vie.

Ne cherchez plus à vous satisfaire d'une expression matérielle. Vous vous limitez. Ouvrez-vous à votre richesse intérieure car, lorsqu'elle est reconnue, elle émane un éclat qui illumine le chemin et embaume les partages en société. »

Souvenirs quantiques

8.   L'Innocence

Message de Miriadan :

« Être un petit enfant, voilà ce qu'il vous est demandé afin d'effectuer le passage dans la 5ème dimension.

Mais beaucoup d'entre vous ignorent ou ne savent plus ce que signifie "être tel un petit enfant". Aussi il nous paraît important de vous le préciser une nouvelle fois.

L'état d'être un enfant est l'innocence, il est vrai. Vous le voyez également sous la forme de naïveté alors que l'enfant naît auréolé d'une puissance de Vie que vous ne percevez plus : l'enthousiasme et la Joie.

Le petit enfant est sans jugement, ni évaluation émotionnelle telle que vous le vivez en grandissant. Il perçoit son environnement comme un espace de jeux créé à son intention afin de lui offrir douceur et connaissances. Il est Vide de préjugés, de croyances et de limites. Il est ouvert. Et c'est pourquoi il apprend si vite à se mouvoir, parler et réagir à vos stimuli. Il reçoit ce que vous lui donnez. Et commence alors à se fermer.

261

Le petit enfant n'a pas de prétention, ni d'attentes en termes d'envies de possession ou d'apparence. Il se donne à vous dans son intégralité, dans sa générosité, dans son amour.

Car il reste connecté à la Perfection de son âme et de son Être, et est empli de lui-même. Puis oublie en revêtant des voiles émotionnels, sensoriels, culturels, familiaux.

Vous restez bien souvent campés dans vos croyances et vos convictions, ce qui vous bloque dans l'accueil de l'Inconnu et de l'Amour.

La 5ème dimension vous appelle à vous intérioriser. Car elle se trouve en vous, et non à l'extérieur. Il s'agit d'un état qui redéfinie vos priorités. Et notamment de lâcher tout ce que vous pensez savoir. Car, que vous ascensionniez à la 5ème, 8ème ou 24ème dimension, chacune vous dessine de nouvelles vérités.

Si vous désirez en votre Soi revenir à un état de Paix et de Joie, d'Amour et de Compassion, il vous est demandé d'incarner le petit enfant que vous étiez à l'origine. Que vous regardiez vos peurs, vos souffrances et vos douleurs comme vos amis patients et affectueux qui vous indiquent de porter attention en vous, afin d'intégrer des leçons d'expérience. Que vous acceptiez de vous vider de toutes vos connaissances afin de vibrer l'enthousiasme lorsque vous déployez en vous une vérité qui s'offre à vous. Que la gratitude emplisse votre cœur à chaque pas posé sur cette planète-école dans votre souhait de magnifier votre existence.

Apaisez votre mental, votre esprit qui s'attachent à vous poser dans le passé, dans un futur bien improbable. Soyez une page blanche sur laquelle la Vie y placera la beauté de votre Essence. Et revenez à Vous.

Vous vous êtes éloignés de votre Rectitude à chaque fois que vous avez émis des pensées négatives, à chaque fois que vous avez pris comme vérité que vous étiez peu méritants.

Et pourtant, sachez que vous êtes toujours en contact avec votre Soi, votre étoile-guide sur le chemin que vous êtes en vérité. Vous n'avez fait que vous envelopper de manteaux successifs lourds et ternes, il ne tient qu'à vous de les enlever progressivement, avec douceur et gratitude pour la protection qu'ils vous ont apportés dans vos vies d'aventuriers.

Êtes-vous prêts à revenir au petit enfant joyeux et enthousiaste de savoir qu'il ne sait rien, et que la Vie est sa meilleure amie ? Êtes-vous prêts à vous regarder tels que vous êtes : des êtres étincelants qui portent la couronne de l'Amour Radieux ?

Vous n'avez pas à obtenir, vous n'avez qu'à vous souvenir. »

Nous confondons souvent l'Innocence et la Naïveté. Notre éducation contemporaine nous a aguerris pour survivre dans notre société si matérialiste. Nous avons grandi en apprenant que nous devions être forts, nous oublier au profit des autres et posséder des biens matériels comme preuve de notre réussite. Cela était cohérent alors. Ne pas savoir, « tomber des nues » suscitaient des moqueries, du rejet. Alors, l'Innocence ne pouvait qu'être l'apanage des enfants, jusqu'à un certain âge !

Notre Ici et Maintenant renverse nos valeurs. Nous sommes conviés à nous ouvrir à notre Innocence, et ainsi risquer de paraître naïf. Oser ne pas savoir et ne pas se sentir coupable, voici ce que Miriadan signe :

« L'ignorance est une porte vers la connaissance. Non pas celle qui vous emplit par des mots et des équations, mais celle qui vous libère. La connaissance est comme l'abondance : disponible pour tous, illimitée et vibrante. Pour la recevoir, il vous faut être disponible, le corps et l'esprit unis en une même énergie d'Amour. Savoir accueillir n'est que laisser son être exprimer sa Joie d'Être et de Servir.

Le service puise ses ressources au cœur même de votre Essence, l'Un. Pourquoi désire-t-on servir ? Par gratitude d'Être, par Joie de faire partie du Jeu de l'Un, par Amour pour l'Un, c'est-à-dire Soi.

Lorsqu'on s'éveille, on ressent profondément que nous sommes des expressions pleines et intègres de l'Un, que nous exprimons totalement son souhait de faire ressortir toutes les potentialités contenues en Lui/Elle. La séparation devient illusion, et la Grâce nous prend dans ses voiles éthérés. Nous avançons dans la douceur et la fraternité.

Une des Vertus de l'Un qui nous est naturelle par essence est l'innocence. Ici-bas, elle a été souvent perçue en tant que naïveté. Cet état d'être dessine la confiance totale et l'amour que l'incarné ressent envers les autres. Il ne peut imaginer que l'on puisse lui mentir, le tromper ou se moquer de lui car il conserve sa pureté d'âme en son corps densifié. Dans une dimension de dualité, la société ne peut accepter cette vertu car elle met en danger l'individu qui l'exprime. La communauté met alors ses membres au service de l'ingénu afin qu'il comprenne que l'expérience impose l'apprentissage du mensonge, de la trahison, de la tromperie et du mépris s'il désire lier les pôles en son Centre.

L'émotion prend sa place dans le décor duel afin de déséquilibrer le joueur. Sans émotion, il n'y aurait qu'observation sans implication. Le corps émotionnel fait appel au corps mental pour éloigner le cœur solaire, barricader au sein de murs de souffrance ou de peur qui permettent une rationalisation des leçons. Si les expériences douloureuses s'effaçaient immédiatement, la compréhension dans la sagesse ne pourrait s'ancrer dans les mémoires quantiques de l'individu.

La naïveté est l'apanage des enfants et des cœurs purs. Jusque-là vous prodiguiez des conseils afin de protéger vos enfants, vous leur imposiez des croyances sur une vie difficile, où il faut se battre pour réussir, où tout est joué d'avance par l'argent ou le milieu familial. Et si vous renversiez les rôles ? Et si vous écoutiez vos enfants et les cœurs purs vous expliquer leur vision personnelle de la vie ?

Le monde meilleur que vous intégrez actuellement déploie le Bon, le Beau et le Bien. La dualité n'y a plus cours. Vous y trouvez la franchise, la compassion, l'honnêteté et le respect, la douceur et la justice. Pour y avoir accès, votre courage est votre bâton de marche. Car ce qui vous est demandé n'est que de déposer vos souffrances, vos peurs, vos craintes et vos doutes, votre méfiance au sein même de votre cœur afin de les transformer. Et l'innocence vous illuminera de Qui Vous Êtes, simplement. Car l'innocence est votre état naturel, "essenciel" ».

Souvenirs quantiques

9.   Les croyances

Message de Miriadan :

« Les croyances forment la cohérence de votre horizon de vie. Vous modelez à chaque instant votre environnement selon la façon dont vous projetez autour de vous, à partir de vos certitudes, doutes et limites.

Il n'existe pas la Vérité au sens où vous l'entendez, car celle-ci se trouve dans l'intégralité de la Création, au niveau de l'Un. Cependant, nous sommes tous créateurs de vérités puisque nous les matérialisons en nous et autour de nous. Chacun de nous vit selon ses propres principes de fonctionnement. Et aussi ses illusions puisque nous faisons partie d'un univers qui possède des trésors, et aussi des limitations dans la compréhension du Jeu de l'Un.

Peut-on penser que la Vie elle-même génère des croyances ? Oui, cela est compréhensible. Si nous nous ouvrions à la Vérité de l'Un, sans plus de limites ou de partialité, nous ne pourrions répondre à son souhait d'explorer ses profondeurs.

Vous nous faites l'honneur d'être à l'écoute de nos messages. Chacun d'entre eux n'est en aucun cas la Vérité. Ils sont porteurs de nos croyances, de celles des médiums et de la culture de l'époque au cours de laquelle nous vous expliquons concepts ou historique. Un message est toujours filtré par les grilles géométriques qui vous (nous) définissent.

Aujourd'hui vous procédez à votre éveil, c'est-à-dire à recouvrer votre mémoire et vos origines. Aujourd'hui vous appelle à exercer un discernement expansé. Ne nous voyez plus comme omniscients, nous ne le sommes pas. Nous sommes capables de vous parler de la mise en place de votre naissance, de nos anciennes guerres et de notre rôle auprès de vous. Nous ne pouvons vous dessiner votre futur car il vous appartient. Nous avons nous aussi nos limites. Nous ne disposons que d'une trame que vous mettez en place dans l'instant présent.

Désolidarisez-vous des nombreuses histoires qui jalonnent votre culture terrienne pour choisir, en votre cœur, quelles sont vos vérités. Gardez en votre conscience que toute information n'est que partielle, et partiale, un abécédaire qui s'adapte à votre vibration. Acceptez que nos messages reçoivent vos doutes, un recul salutaire, avant de valider ou infirmer ce qui vibre en vous. Cherchez votre accord intime au milieu de nos fréquences. Et étendez-le pour faire vôtre ce qui vous est proposé. Ou pas.

Quelle que soit la lumière de l'être qui partage avec vous ses croyances, ces éléments restent regard fragmenté et dépendants d'expériences individuelles. Votre rôle est de recueillir ces perspectives éparpillées pour en faire un tableau reconstitué. C'est ainsi que le Centre que vous incarnez illuminera les consciences des êtres en espérance, par l'apport d'une compréhension plus vaste et plus sage.

Aucun de nous n'est meilleur que vous. Nous avons simplement une place spécifique dans le Jeu cosmique. Prenez votre responsabilité, celle qui vous parle d'égalité et de justice, et de Choix en toute conscience. Marchez joyeusement parmi vos croyances et amusez-vous à les changer, à les redisposer dans votre trame individuelle. C'est ainsi que vous approcherez d'une vision élargie qui nous propulsera tous vers de nouvelles vérités. »

Nos croyances sont basées sur nos émotions, vérités que nous défendons avec acharnement jusqu'à ce que nous soyons épuisés, et lâchions-prise. C'est d'autant plus difficile que notre environnement en est le résultat. Les remettre en question nous demande de déconstruire tout ce qui nous a soutenus, sans savoir vers où nous allons. Une question de Foi ou de peur.

Cela nous ramène à être honnête envers nous-mêmes.

10.   L'Honnêteté

La Transparence est notre devenir, union de notre Lumière et de notre Ombre. Nous sommes ces deux pôles qui ont joué avec implication, chacun dans leur rôle, et qui aujourd'hui se découvrent égaux par le Centre.

La Lumière est cet état d'être qui vibre Qui Nous Sommes dans l'Instant Présent. L'Ombre est notre initiatrice, cette impulsion irrésistible à ne pas se contenter de ce que nous avons et à nous remettre en question, de continuer à aller vers le meilleur. La Lumière joue la Permanence, en quelque sorte l'Être qui rayonne. L'Ombre parie sur l'Impermanence, l'Action qui prolonge nos Intentions dans la matière. Le Centre est notre espace d'intégration des leçons, la compréhension des interactions et des causes-conséquences de nos choix. Par l'action de l'Ombre qui nous sort de nos habitudes, nous apprenons à percevoir la Lumière qui tourne notre regard vers un cadeau insoupçonné. Alors, nous revenons au Centre qui nous illumine de sa Sagesse.

Reconnaître que la Lumière est le miroir de l'Ombre, et inversement, décille nos yeux. Un voile se soulève et nous fait prendre conscience que l'un ne va pas sans l'autre. Nous rentrons en honnêteté avec nous-mêmes, ce qui accélère notre évolution.

Miriadan le replace dans notre quotidien :

« Il fut un temps pendant lequel nous pouvions nous mentir à nous-mêmes, travestir nos sentiments et nier nos ressentis. Ce fut le temps de la dualité. Cet état était nécessaire afin de mesurer nos avancées et nous protéger. Ainsi, nous avions la possibilité d'aller d'expérience en expérience avec un retour distendu, avec des conséquences éloignées dans le temps.

La loi de la grâce nous a ramené dans sa tendresse mais aussi nous a rappelés que nous étions responsables de notre vie, de ce karma nourri au fil des millénaires. Nous sommes aujourd'hui dans la loi de la Rectitude, c'est-à-dire de l'honnêteté : avec nous-mêmes et avec les autres.

Notre âme nous appelle à réintégrer notre intégrité, notre souveraineté. Pour cela, elle nous place dans les flux de la synchronicité afin que nous observions l'Amour qui sous-tend toute vie, toute présence. Chaque interaction avec un être ou un élément nous apporte une information qui nous parle d'évolution, de changement vers le meilleur. Et lorsque nous laissons la vie nous positionner au plus Juste, nous ouvrons notre être à notre cœur par le biais d'intuitions. Nous vivons au cœur des miracles.

Chaque fois que nous nous autorisons à nous abandonner à ces conseils judicieux, à lâcher-prise, nous élevons notre énergie, nous renforçons notre foi en nous et en la vie. Chaque fois que nous exprimons de la gratitude en nous et autour de nous, nous baignons dans la bénédiction de l'Un. Et nos peurs sont transcendées, et nos doutes sont pacifiées. Nous faisons un pas vers notre Demeure, Nous-mêmes.

L'honnêteté est la condition du monde meilleur. Cela demande un regard compatissant sur notre vie et nos expériences. Chacun de nous est un être merveilleux, courageux. Nous sommes venus en ces temps de Changement afin de transcender nos limites et nos croyances. Et pour cela, nous faisons appel à l'Amour à chaque instant. Même dans l'inconscience de nos voiles, nous naviguons guidés par notre âme et notre Soi. Nous sommes toujours Justes quelle que soit la situation puisque nous exprimons Qui Nous Sommes à ce moment. Il nous suffit de le reconnaître pour se sentir soulagés, apaisés. C'est en cela que l'honnêteté est un réconfort, car cette vertu nous rappelle que nous ne maîtrisons rien, nous offrons simplement à l'autre et à nous-mêmes ce que nous demandons au plus profond de nous. Nous manifestons en tant que créateurs l'Intention personnelle et collective.

L'honnêteté va de pair avec l'observation neutre et bienveillante. Nous changeons de perspective afin que l'émotion devienne actrice du changement, et non plus directrice de nos comportements. Nous nous positionnons au Centre, c'est-à-dire que nous devenons un spectateur avisé de notre vie, nous nous mettons à l'écoute de la sagesse contenue en tout.

Cela implique également oser Être. Car le chemin de l'honnêteté se dessine dans les jardins de la Confiance. Confiance que tout a une raison d'être, confiance en soi et en les autres, confiance en la Direction que prend notre évolution, confiance en la force inéluctable qui se trouve en chacun et qui se manifeste dans notre quotidien. Confiance.

Alors la Vision de votre raison d'Être ici et maintenant se dévoilera dans toute sa splendeur. Et vous découvrirez que vous êtes indispensables à la Création, que votre rayonnement se pare d'une vibration unique dont le Jeu collectif ne peut se passer. Et il vous suffit simplement d'être honnêtes. »

Notre monde change au rythme de notre évolution intérieure. Nous sommes amenés à pacifier et transcender le karma que nous avons pris en charge. Pour nettoyer, il nous faut tout d'abord en prendre conscience, l'accepter puis l'aimer. Nous naviguons dans les eaux du passé pour mieux savourer le Présent, libérés de ces illusions qui nous faisaient réagir dans la souffrance, et qui n'avaient plus de sens aujourd'hui. L'Honnêteté est de reconnaître que tout provient de nous, que nous projetons sur l'autre afin qu'il nous serve de miroir.

Mais comment nettoyer nos souffrances, nous en libérer ? Par le Pardon et la Gratitude, clés de la loi de la Grâce.

Nous sommes dans un monde d'émotions. Lorsque nous ressentons de la joie, du plaisir, la gratitude vient d'elle-même, est facile. Nous sommes en harmonie avec soi et l'autre. Mais quand le contrat implique de faire surgir des émotions-souffrances, que cela nous place en tant que victimes, bourreaux ou sauveurs s'imposant, alors le Pardon est la clé.

Le Pardon nous relie à l'émotion-souffrance en nous offrant une perspective Juste de l'expérience. Nous nous posons sur notre cœur et regardons la scène en tant qu'observateurs. Nous ne jugeons rien ni personne, nous acceptons notre responsabilité dans cet échange. Alors, nous prenons conscience de nos schémas-réflexes, et ressentons à quel point nous sommes les principaux acteurs dans ces blessures. Nous pouvons demander Pardon : Pardon à l'autre pour lui avoir demandé de prendre un visage de "méchant", de "gêneur", de "faible", de lui avoir fait ressentir de la souffrance, de s'être éloigné de sa paix. Pardon à soi d'avoir souffert, de ne pas s'être aimé, d'avoir plongé dans une expérience que nous avons jugée, de nous être jugé.

Et quand cette énergie de Pardon émane du cœur, nous visualisons à quel point ce fut un Cadeau que nous nous sommes offerts grâce à l'autre, que l'autre nous a permis de prendre conscience de notre schéma. Alors la Gratitude explose en soi, emplit le corps, fait vibrer notre être. Et c'est à ce moment-là que notre âme nous transmet les raisons de cette expérience en nous rattachant à des souvenirs perdus. Les racines ayant surgi du passé, nous saisissons à quel point nous agissions sur des souvenirs devenus inutiles aujourd'hui. Et tout prend sens : comment nous en sommes arrivés là, tels que nous sommes. Nous nous imprégnons de la sagesse de la leçon. Nous avons pacifié et transcendé la souffrance.

Ce moment où l'Amour que nous ressentons dans le Pardon devient la Gratitude est le saut quantique. Et il n'y a plus l'autre et soi, il y a Nous.

Souvenirs quantiques

11.   L'Abondance

Il n'est pas si évident que ça de s'ouvrir à l'abondance. Nous avons appris depuis notre enfance que donner était bien, mais que recevoir était égoïste. Nos médias dispensent des informations de manque, de disparité des ressources. Nous sommes culpabilisés quotidiennement pour notre mode de vie occidental. Et si une personne montre des signes de réussite, le doute sur son honnêteté est mis. Car, nous l'a-t-on enseigné, la pauvreté est la compagne des bienheureux, des saints.

Ces croyances sont engrammées en nous, et sont bien plus nombreuses que nous ne pouvons l'imaginer. Elles se retrouvent dans les petits adages comme « il vaut mieux être pauvre et heureux, que riche et malheureux ». Et pourquoi ne pourrions-nous pas être riches et heureux ? Mesdames, qui n'a pas entendu : « il faut souffrir pour être belle ». Est-ce vraiment obligatoire ? Ne peut-on faire du sport avec plaisir, ou s'occuper de nous avec douceur ?

Il est temps de remettre en question ces croyances et de nous regarder tels que nous sommes. Nous avons droit à la richesse, au bonheur et à l'amour. Parce que la Vie est généreuse, et qu'elle est infinie dans son partage. Tel est le message de Miriadan :

« L'énergie prend sa Source dans l'Abondance.

Sur votre chemin d'éveil, vous vous fatiguez bien souvent à vous positionner sur des croyances qui vous limitent. Bien des messages, bien des expériences et des miroirs vous sont apportés afin de vous ouvrir le cœur à une vérité : la Vie est abondance, prospérité.

Votre liberté passe par l'acceptation de la Vie, qu'il n'existe aucune limite ni cadre qui puissent vous empêcher de recevoir et de donner.

Vous êtes des portails. Votre corps est un temple de Vie, relié directement à la Source et connecté à votre Essence. Il vous offre la perception exacte de votre cheminement par ses freins, douleurs, émotions qui vibrent en vous et autour de vous. Il est le miroir de votre avancée vers vous-même, c'est-à-dire votre unité corps-âme-esprit.

En tant que portail d'énergie, votre corps a accès à la Source, dans son aspect infini. Lorsque vous émettez des pensées discordantes en lien avec votre capacité à donner et recevoir, vous vous coupez de la Source.

Lorsque vous croyez que la faiblesse énergétique est votre norme, vous vous asphyxiez.

Votre nature terrienne vous porte à laisser la fluidité de la Vie s'écouler en vous. Nul barrage, nulle limite ou retenue. Sauf ce que vous autorisez. Car il s'agit toujours de cela, de ce que vous autorisez vous-même.

Si vous désirez conserver un contrôle, quel qu'il soit, vous maintenez la séparation illusoire de votre Source. En fermant votre porte de sortie, vous fermez également votre porte d'entrée, et vice-versa, car l'un ne peut aller sans l'autre dans la Cohérence de l'Un. Vous vous appauvrissez.

Il est une croyance très ancrée qu'il existe des "vampires énergétiques" ou "portails organiques". Vous définissez leur action comme un "viol" de votre intégrité, une perte personnelle.

Selon le Jeu de l'Amour, toute action perpétrée par un autre n'est que le miroir de votre intériorité. Et cet autre ne peut agir sans votre accord préalable, au niveau de votre âme. Quelle que soit l'action.

Si vous vous sentez vidé par des êtres, des objets ou des lieux, il ne s'agit que d'un contrat d'Amour. Car vous vous envoyez le message que l'énergie est illimitée, abondante, et qu'en maintenant un semblant de contrôle ou un sentiment comme la colère ou le refus, vous fermez les yeux sur votre vérité. Ces personnes, choses ou lieux vous racontent tout simplement que vous êtes capable d'offrir ce que vous recevez car il ne s'agit que de la même action. Lorsque vous donnez, vous recevez simultanément. Sans perte.

Ce Jeu divin de donner et de recevoir est une grâce car il s'agit toujours de cadeaux de la Vie. Chaque expérience, chaque interaction vous délivre un message d'éveil.

Acceptez que votre vie soit simplicité et liberté. Et si vous croisez le chemin d'un autre qui vous prend de l'énergie, offrez-le-lui du plus profond de votre cœur. Car l'autre ne fait que répondre à votre demande d'évolution, celle qui vous chante un air connu que vous aviez oublié : le flux de la Vie est mouvement dans la Justesse et la Justice.

Vous ne pouvez perdre, car vous avez déjà tout. En croyant que l'on vous pille, vous fermez vos portes à l'abondance. En refusant de donner, vous éloignez le recevoir. Et vous seul possédez les clés de votre Liberté. Ouvrez votre coffre aux trésors et offrez vos joyaux énergétiques. Lorsqu'il sera vide, vous découvrirez qu'il n'y a pas de fond et que vous puisez directement dans l'Illimité de l'Amour de l'Un. Et la corne d'abondance fera chanter ses merveilles en votre cœur. Vous serez porteur de la Vie. »

L'Abondance fait partie de la Grâce et de l'Instant Présent. Mais là encore, cela nous place devant nos Choix. Pour donner, il nous faut d'abord recevoir, nous emplir de nous-mêmes, de notre Amour inconditionnel pour nous, devenir une fontaine de Jouvence qui déborde et s'écoule librement autour de nous. Alors, donner est le prolongement naturel du recevoir. Et l'argent est un outil. Nous n'avons pas besoin de posséder pour Être, bien sûr, mais rien ne nous interdit d'avoir de quoi réaliser nos envies.

D'ailleurs, nous frustrer ne fera que nourrir nos souffrances, nous garder dans son cercle vicieux. A nous de récupérer notre libre-arbitre, le véritable, celui qui véhicule nos Choix en conscience. Les limitations qui existaient au niveau collectif ne sont plus, il n'en reste que le souvenir. Ne nous attardons plus sur le passé qui ne parle que de contraintes et de peurs. Le Présent est généreux, libre et offert. Nous n'avons qu'à changer notre regard, faire ce retournement de conscience qui place notre cœur en tant que guide inspiré. La 5ème dimension est un état d'Être, et non un continent à conquérir pour oublier celui-ci. Cette Grâce est en nous et se ressent dans l'Amour de la 3ème. Il n'y a plus rien à protéger ou acquérir, juste à accueillir ce qui est déjà là.

12.   Le Libre-arbitre

Nous faisons partie d'un Plan, et celui-ci demandait que nous soyons plongés dans l'Oubli pour expérimenter la Dualité dans toute sa démesure et sa Beauté. A cette fin, nous avons usé de notre libre-arbitre pour répondre à cette trame planétaire. Nous avons choisi d'abandonner notre Conscience le temps d'une mesure, et en cela, nous nous sommes faits un magnifique cadeau.

Le libre-arbitre est à double visage, comme tout ce qui est. Il ne s'agit pas de vouloir pour avoir ou être. Nous sommes bien plus généreux que cela. Non, nous nous donnons les potentialités de ressentir en profondeur les facettes de notre personnalité, que ce soit celles qui nous flattent ou celles qui nous font peur. Nous pouvons croire que nous sommes prisonniers d'un Jeu extérieur, victimes d'une farce grandeur Nature, soumis à des Lois que d'autres dictent. Là encore, nous utilisons notre libre-arbitre. Nous choisissons nos croyances.

Le libre-arbitre se voit dans la pleine Conscience, et cela est vrai. Tout comme il s'exerce dans notre inconscience. Car nous ne sommes jamais séparés de notre âme puisqu'elle y a planté au préalable sa corde d'argent, avant de se déposer en douceur dans notre ventre lorsque nous sommes prêts à l'accueillir. Le Choix divin est cet outil du libre-arbitre qui nous présente les potentialités et nous soufflent les possibles conséquences de nos pensées, paroles et actes. Être dans cette Transparence, cette honnêteté envers nous-mêmes, facilite notre cheminement. En cela, le libre-arbitre fluidifie notre avancée, facilite notre lâcher-prise. Mais il se joue également dans nos tourments, nos doutes et nos espoirs. Ne pas choisir ou agir nous ramènent toujours à Qui Nous Sommes, selon nos croyances, peurs, libertés et ouvertures.

Nous exerçons notre libre-arbitre quotidiennement, en conscience ou pas. Nous décidons avec lui quel est notre positionnement : victime-bourreau-sauveur, ou créateur responsable de sa vie.

A partir de quel moment pouvons-nous dire que le libre-arbitre est total ou partiel ? À tout moment et jamais. Car il n'y a que nous pour programmer notre chemin, avec ses carrefours et ses lignes droites ou sinueuses. Nul ne peut nous imposer de ressentir une émotion qui va engendrer une décision. Cela reste de l'ordre intime. Même si un autre pointe un revolver sur votre tempe, nous restons maîtres de nos choix : plonger dans notre peur ou observer à partir de notre cœur. Quelles que soient les conditions. Car cette situation, nous l'avons créée avec l'accord d'un autre, nous avons passé un contrat. Nous avons fait appel à notre Droit d'évoluer individuellement. Pourtant, nous faisons partie d'un cadre collectif, donc subordonnés à des règles tacites qui harmonisent le scénario de groupe. En cela, nous sommes limités dans un environnement sélectif.

Tel est le Paradoxe de la Vie. Nous sommes un des acteurs principaux qui écrit le script au fur et à mesure, en prenant soin de suivre une Direction communautaire, avec pour seul élan que chacun y trouve son compte. Y compris nous. Nous faisons partie de ceux qui tissent une toile restrictive. Tout en étant un élément moteur des déchirures pour que perce une autre vision de la vie, un nouveau tissage. Et là est notre libre-arbitre : nous placer dans un flux conducteur qui nous laisse l'entière liberté de nous découvrir à notre rythme, selon Nos perceptions.

Souvenirs quantiques

VI. UNE HISTOIRE D'AMOUR

La Vie a un sens, nous avons une raison d'être sur cette planète, dans cet univers. Ceci est ma vision de l'histoire de notre participation, sur un plan très général. Elle ne constitue pas la Vérité, elle est un élément à rapprocher de la vôtre pour commencer à avoir une perspective d'ensemble. De nombreux livres ont détaillés des pans de notre histoire, voici un autre regard.

1. Naissance de notre univers

Dans des portées plus éloignées, de type 7 et 8, vivent des êtres qui sont chargés de veiller à la gestation et la naissance des univers. Par des techniques de fusion, de transmutation, ils embrassent les techniques de la Géométrie sacrée et du Son divin afin de générer la forme en parfaite résonance avec un univers, puis invite une Conscience à s'y verser.

Un univers est un être entier, qui dispose d'une conscience et d'un programme d'évolution. Protégé,

291

aimé dans une « pouponnière », cet être apprend progressivement à s'étendre dans sa nouvelle forme, à en faire son Unité. Puis arrive le moment où il se sent prêt à s'exprimer librement selon un objectif qui l'anime. L'univers qui nous englobe a eu envie d'expérimenter la Dualité, et notamment la Séparation dans la Dualité. Il n'est pas le seul à avoir privilégié la Dualité, mais c'est celui qui nous concerne. Aussi est-ce de lui dont je vais parler.

Disposé à prendre sa place dans le Jeu, notre univers s'est présenté à la Bibliothèque des multivers, réceptacle des multiples voies manifestées ou non que fournit le Plan de l'Un. Après avoir apprécié les possibilités qui se présentaient à lui, il a choisi puis validé la Dualité. En parfaite cohérence, un multivers (conscience Une d'un regroupement d'univers) fut proposé en relation avec son projet.

Dirigé auprès du multivers en adéquation, il a requis son affiliation à cette communauté. Adoubé, il a pu alors pénétrer le multivers et trouver sa place. C'est ce que nous appelons le Big Bang. Ce fantastique élan, cette pénétration féconde, s'est appuyé sur les tachyons.

L'univers s'étant expansé suffisamment, il a alors lancé un appel à travers la Création, celui d'accueillir en son sein des éléments de vie en accord avec son Intention d'expérimenter la Dualité. Et il reçut de nombreuses réponses enthousiastes, les nôtres. Chaque âme, Soi et particule de vie qui s'inscrivirent dans ce parcours avaient au préalable parcouru les lignes du Jeu, les causes et les effets. Car telle est la Loi de l'Un : chacun est souverain de son chemin et connaît à l'avance les conséquences possibles de ses choix. Chacun évolue en conscience. Rien ne peut être caché puisque nous sommes tous reliés les uns aux autres. L'évolution est un Partage.

Selon leur Plan personnel, certains décidèrent de s'impliquer en tant qu'être galactique, système solaire, planète, étoile, soleil …, d'autres d'en jouer les habitants à tout niveau : particule minérale ou être stellaire. Le Mouvement était lancé, irrésistible et magnifique.

Au bout de plusieurs milliards de nos années linéaires, les peuples cosmiques et galactiques furent prêts pour ouvrir la voie à la Séparation, s'y plonger avec ardeur. Grâce aux contrats d'âme, les pôles se scindèrent distinctement en deux pour que tous puissent reconnaître ce que nous avons appelé le Bien et le Mal. Deux forces en présence qui ne pouvaient que s'entrechoquer avec éclat. Ainsi débuta une série de guerres, de luttes fratricides, avec son lot de trahisons mais aussi de retrouvailles aimantes. Les émotions en étaient sublimées, exaltées, galvanisées à l'extrême. Mais après les ferveurs combatives pour défendre ou conquérir ce que chacun estimait son Droit, vint le constat : aucun pôle n'était supérieur en puissance. Chacun était l'exact miroir de l'autre, de force équivalente. Le Bien et le Mal n'était qu'une perspective inversée, en parfait retour de l'autre. Il fallut encore quelques milliers d'années avant que cela soit intégré par toutes les nations impliquées dans ce Jeu. Et lorsque le dernier être entra en osmose avec cette Vérité, une prière unanime monta vers l'être cosmique, qui la relaya à l'Un.

2.   Le Plan de l'Unité

Le Jeu était consommé, et l'objectif de faire résonner les pôles par l'expression des nombreuses gammes d'émotions était atteint. Chacun ressentait le plaisir d'avoir répondu au Service de l'Un. En réponse à leur demande de sortir de la Séparation, un émissaire de l'Un prit contact auprès de l'être cosmique. Des ambassadeurs de toutes les nations stellaires furent invités à écouter la proposition de l'Un en deux étapes.

La première visait à revenir à l'Unité en créant une planète sur laquelle serait placée l'intégralité des signatures vibratoires de l'univers. Chaque habitant en serait porteur, ce qui le connecterait aux mémoires de ses pères/mères stellaires et l'amènerait à rejouer à l'identique le jeu des pôles. Le but explicite était que ces êtres, résultat de l'amalgame cosmique, comprennent le sens des expériences et transcendent les mémoires-souffrances qui perduraient encore dans l'univers. Un mouvement vers le Centre, pour s'abreuver de la Sagesse contenue dans chaque leçon.

La deuxième était que le retour vers une perspective juste du jeu de la Dualité active l'ascension de l'univers vers son évolution, la portée du 4 (la Gratitude). Gaïa en serait le chef d'orchestre, créant une émulation dans tous ses champs (minéral, végétal, animal, humain et éthérique), les plaçant en syntonie parfaite pour suivre son élan. Puisque chaque élément terrestre contiendrait les signatures de l'univers, tout éveil à une Unité résonnerait au sein des lignées galactiques et cosmiques par intrication. Chaque mouvement individuel terrestre participerait ainsi à l'ascension cosmique.

L'univers reçut l'accord unanime de ses habitants. Unanime car l'Amour se déploie sur le respect de chacun. Si une nation n'avait pas été en accord, le Plan aurait été revu, adapté, jusqu'à recueillir la pleine acceptation de tous. Aussi, même ceux que vous concevez comme des ennemis (Reptiliens, Petits Gris, etc.) partageaient cette vision commune. Eux aussi souhaitaient évoluer, et s'impliquaient en toute liberté dans l'application de ce projet. Et ils n'étaient pas les seuls.

De nombreux partenaires provenant d'autres univers étaient intéressés par cet élan vers l'ascension. Pour jouer les intermédiaires, l'Un délégua ses émissaires. Leur rôle rappelle celui des Jedis de Star Wars, ambassadeurs sans pouvoir dont la fonction est de proposer la réponse de l'Un lorsqu'une évolution générale est souhaitée. Ils n'ont aucun privilège, préséance de voix, de décision ou d'action. Conseillers neutres, ils sont des techniciens offrant leurs connaissances approfondies des Lois de l'Un selon une perspective élargie à plusieurs multivers ou/et portées. Mais ils disposent d'un droit que n'ont pas les Jedis : celui de s'incarner à l'intérieur du Jeu pour le vivre intensément, avec les mêmes attributs que les habitants. Pour apprendre et s'émerveiller.

Provenant justement de la portée du 4 (notre destination), une galaxie fut enthousiasmée de nous découvrir car elle ne connaissait que l'Unité. Elle était fascinée par notre expérience de la Séparation. Aussi elle délégua une nation, les Askis, qui sollicita son implication dans l'ascension, proposant de lier son univers au nôtre afin de générer un Centre, noyau vibral consacrant la beauté de la Séparation et de l'Unité.

Mais, pour arriver à cet achèvement, il fallait au préalable obtenir les conditions nécessaires à la mise en place d'une planète séparée de tous. Pour jouer une partition du passé, le présent devait être « déconnecté ». Habiles scientifiques, les Reptiliens mirent leurs savants à la disposition des Conseils pour évaluer la possibilité d'une courbure à la fois magnétique, photonique et quantique. Grâce à la convergence des efforts de tous, une technique fut trouvée.

Il ne restait plus qu'à déterminer le lieu de ce théâtre jubilatoire. L'être cosmique estima que l'excentrer de l'ensemble, le positionner dans un endroit vierge de tout souvenir, serait plus aisé à l'accomplissement. Avec soin, il émit l'Intention et la Volonté de créer un système solaire parfait selon les objectifs à atteindre. La Voie Lactée reçut la semence de l'être cosmique et en devint la mère porteuse. Ainsi apparut notre système solaire. Toutes les âmes volontaires de participer à ce Jeu s'y rendirent, et s'incarnèrent avec allégresse sur les planètes déjà prêtes à les recevoir, c'est-à-dire celles qui partagent avec nous ce système solaire (Mars, Vénus, Neptune, etc.). Condition acceptée par tous, l'oubli de l'Unité permettait de creuser la Séparation, de se dissocier de l'autre. La Terre n'était encore qu'une idée mais déjà les grilles comportementales héritaient des souvenirs-mémoires de l'histoire universelle.

L'étape demanda que les planètes habitées s'organisent en nations, reconnaissent leur appartenance à l'univers et prennent position dans la Séparation : Ombre ou Lumière. Des civilisations grandirent, se spécialisèrent dans les compétences de l'Un. Certaines approfondirent la technologie, d'autres misèrent sur les capacités psychiques.

Chaque nation se développa en paix. Pour autant, l'objectif était d'encourager la Dualité à venir, de créer un déséquilibre qui force les uns et les autres à rejouer la partition de la guerre initiale. Aussi les Conseils cosmiques influencèrent secrètement des nations vers une expansion territoriale, en facilitant des échanges de connaissances avec les Reptiliens et leurs collaborateurs pour les préparer à investir plus tard la nouvelle planète que serait la Terre. De son côté, le pôle de la Lumière apposait une idéologie pacifiste de non-intervention pour laisser le temps aux futurs antagonistes de s'armer dans l'offensive ou la défense.

Les peuples dominateurs positionnèrent des filtres aveuglants autour de leurs planètes et éduquèrent leurs populations pour la conquête. Grâce à ces voiles, il était impossible à ceux qui ne disposaient pas des codes vibratoires de savoir ce qui s'y passait, et notamment les nations pacifistes. En cela, cette dissimulation répondait parfaitement au Plan de l'Un, même si peu en avait conscience à ce stade du jeu.

Le signal de la première phase ayant été donné par l'être cosmique, la planète Terre pouvait enfin sortir de son cocon de potentialité. Engrammée dans un code sonore, la Conscience de Gaïa fut placée approximativement à son emplacement actuel.

Préservée dans une capsule de Plasma, elle lança un chant d'enfantement qui se répandit dans l'espace. Issus de tous les confins de l'univers, des noyaux vibratoires (météorites) furent attirés par ce point vibral en pulsation pour s'agglomérer autour de son enveloppe plasmique. Ce fut une période pleine d'effervescence, d'amalgames joyeux et sonores, où les roches en fusion se rencontraient, fusionnaient ou se repoussaient pour mieux s'unir encore et encore. Un incroyable tintamarre à l'échelle d'une planète en formation, où des myriades d'étincelles de vie se joignaient en toute conscience, hors du temps. Ce fut l'apparition de la première dimension. Une géométrie sacrée sécurisait la forme que devait prendre la Terre, dans laquelle le Plasma enveloppait les éléments de sa substance protectrice et unificatrice. Progressivement, le Plasma s'enrichissait de l'intégralité des signatures vibratoires du cosmos, et participait au brassage en multipliant les possibilités de variétés biologiques, géologiques et énergétiques. Puis vint le terme de sa gestation. La planète était énorme, animée de geysers de lave aux accents d'impulsivité et d'enthousiasme. Les premières grilles scintillaient autour de la Terre.

La deuxième phase apposa le Temps, chape de plomb à la lenteur infinie où prédomine la densification, la deuxième dimension. Plusieurs degrés de la surface se stabilisèrent afin que le sol se durcisse. Tout semblait immobile à un observateur extérieur, mais un mouvement continuait sous la surface, des flots de lave charriant les particules prolifiques qui donneraient la vie telle que nous la connaissons. Le Temps s'étira toujours plus, sur des milliards de nos années, permettant la concentration des matières et les premières formations géologiques (montagnes, gouffres, etc.). Avec l'assistance des grilles électromagnétiques supplémentaires, chacune recevait une conscience collective, résultat de l'amalgame minéral, qui s'épanouissait dans la densité en s'étendant toujours plus. Focalisant son attention sur un ou plusieurs objectifs, elle apprenait à s'adapter par sa seule force de volonté. La notion de projection linéaire (avant-après) était née. Et le Plasma offrit le cadeau de l'eau. Une à une, des gouttes jaillirent des profondeurs de la planète, porteuses de codes de duplication. Toutes répondaient à un but précis : se rejoindre. L'océan apparut, recouvrant l'intégralité de la planète. Réchauffés par le magma affleurant les roches immergées, les premiers éléments de vie biologique se laissaient porter par les courants. Coordonnés par les Conseils galactiques, et en lien avec la Conscience émergente de Gaïa, des mixages furent testés, abandonnés, prolongés. Jusqu'à ce qu'une population océanique émerge : les Nauticaats (leur nom m'est suggéré d'après mon dictionnaire intime). Prenant la forme d'un long invertébré et d'une tête rappelant un peu celle d'un chat, ils se connectèrent très vite à leur Conscience individuelle puis de groupe, pour devenir une nation prospère. Ils développèrent plusieurs civilisations, privilégiant l'osmose collective et les compétences psychiques. Comme la planète n'avait pas encore développé les voiles astraux pour se séparer de l'univers, cela facilitait la matérialisation immédiate de toute intention de création. Ils furent les premiers laboureurs de la Terre sous l'eau. Paradoxalement au temps qui était encore étiré, leur espérance de vie était très courte car le but de leurs incarnations était uniquement de tester les accroches âmiques sur la planète, de valider la consistance plasmique qui devait être capable de retenir la conscience de ses habitants en mouvement. Aussi disparurent-ils également très vite sans laisser de traces. L'essai avait été fructueux, les Conseils galactiques émirent leur accord pour la troisième phase.

Le Temps s'accéléra et de multiples grilles validèrent l'apparition de nouveaux habitants. L'eau se mit à refluer progressivement, offrant la surface aux rayons du soleil. Les organismes se développèrent rapidement sur la planète et modifièrent les composés chimiques de l'atmosphère. La planète délégua à la conscience des arbres la charge de créer des réseaux de communication au niveau de la surface, à l'extérieur et dans le sol, et d'aménager les espaces afin de les rendre habitables à la flore et la faune. En parallèle, le plasma adapta en douceur le climat, pendant que Gaïa réduisait sa vitesse de rotation. Ce fut une période de collaboration aimante consciente. Le creuset de la diversité se façonnait. Une délégation fut envoyée par les Conseils pour étudier la nouvelle planète. Seule la flore s'y était installée pour l'instant, et s'épanouissait librement en osmose avec le minéral. Les scientifiques le ressentirent comme un paradis et décidèrent d'y demeurer à plus long terme avec l'accord des Conseils. Les premières pyramides s'ajoutèrent au paysage, servant de transmetteurs galactiques et de sondeurs intraterrestres.

Mais la planète n'avait pas terminé sa transformation. Faisant le double de la taille actuelle, elle tournait encore trop vite et ne disposait pas des critères optimaux pour le Plan qu'elle avait accepté avec joie. Elle fit appel à une comète pour la modifier idéalement. Cette dernière la frappa à l'endroit sélectionné conjointement, ce qui réduisit sa taille. Grâce à cette assistance, la planète enleva plusieurs couches de sa croûte et condensa sa force électromagnétique en son centre. Elle était devenue plus forte, plus solide, et son noyau en était magnifié. Elle venait d'ascensionner une première fois et recevait sa Conscience : Gaïa. Une moitié de lune se formait autour d'elle, l'aidant à se stabiliser.

Les scientifiques étaient déjà partis lorsque la planète fit sa première transformation importante, prévenus par la Terre elle-même et les Conseils. L'astral restait encore vierge de toute empreinte d'êtres en dualité. Il était temps de lancer le Jeu dans toute sa splendeur.

Le champ minéral aida le monde végétal en dormance à reprendre sa place. Tout s'accéléra. Les premières espèces animales apparurent, se développèrent, mutèrent ou disparurent, traçant les sillons de la séparation des pôles Ombre-Lumière : la chaîne alimentaire répondait au besoin de se nourrir et de se protéger, de faire perdurer sa lignée. La survie se répandait dans les couches primaires avec rapidité et détermination. Le « nous » s'étiolait au profit du « je », de l'identité individuelle. L'ego montait progressivement sur son trône par obligation aimante. La loi du karma s'implantait impérieusement en chacun avec son cercle victime-bourreau-sauveur, et les sociétés de toute espèce se calquaient au devoir de pérennité que leur population réclamait. Les frontières, limites et restrictions donnaient la primauté à la force et à la ruse sur la générosité et l'honnêteté. Avoir sécurisait dans un monde où tout semblait se déliter. Les grilles spécialisées dans la séparation se renforçaient chaque jour.

Pour activer l'ère des hominidés, les Conseils validèrent l'implantation des Reptiliens et de leurs alliés sur la Terre. Ces derniers choisirent plusieurs espèces autochtones et les mutèrent par croisement avec des isotopes extraterrestres. Ils apportèrent énormément à la diversité des gènes-souches des premiers hommes, n'hésitant pas à partager les leurs afin de renforcer la résistance physique et psychique de leurs serviteurs. Par une sélection drastique, ils obtinrent des esclaves solides, ayant une durée de vie de plusieurs centaines d'années de l'époque. Au fil des générations, les hommes grandissaient en force et en intelligence. Ils observaient, apprenaient et se faisaient une place dans la société des colonisateurs. Progressivement, ils modifiaient leur statut de serviteurs à collaborateurs. Les Conseils galactiques en référèrent à l'être cosmique qui suggéra le retrait des Reptiliens et de leurs alliés afin d'insérer de nouvelles données dans les champs électromagnétiques de la Terre. Un équilibre avait été trouvé, il fallait le bousculer pour ensemencer d'autres signatures adn dans le génome terrestre.

L'occasion était également idéale pour ouvrir une brèche au conflit latent entre nations. Tout fut fait pour que les colons reptiliens sur Terre et leurs dirigeants se sentent bafoués et expropriés, sous le couvert de la justice. Des batailles dans l'espace et sur la planète intégrèrent dans l'astral de la Terre des mémoires de souffrance, colère, injustice, trahison, humiliation et abandon. Elles provenaient à la fois des événements en cours, tout en puisant dans l'histoire originelle cosmique. L'ensemencement des couches énergétiques (grilles) avait débuté, et nombre d'âmes y mélangèrent leur signature pour faire partie intégrante de la planète, être reconnues comme joueurs terrestres. Un des moyens utilisés en conscience par les âmes fut de faire mourir leurs incarnations stellaires autour, dans et sur la surface de la Terre (soldats et colons).

Les violents combats qui opposèrent les deux factions avaient ce but caché à l'ensemble. Vous êtes nombreux à conserver dans vos mémoires quantiques la mort brutale ou douloureuse du pionnier de votre lignée terrestre. Votre âme l'a placé dans le champ astral afin qu'il serve de balise vibratoire à vos familles galactiques et cosmiques (y relier vos souvenirs et origines), et de clé d'entrée dans le plan humain pour y lancer nombre d'émanations. Pour adoucir ce traumatisme, cela se passait en groupe d'âmes avec des partenaires aimants et aimés qui allaient s'accompagner au fil des millénaires.

Une trêve fut signée. Plusieurs individus laissés pour morts lorsque leurs vaisseaux furent abattus n'eurent d'autre choix que d'essayer de s'adapter à leur nouvel environnement, recueillis la plupart par les hominidés rescapés, anciens serviteurs des Reptiliens ou peuplades nomades. Peu survécurent plus de quelques jours, écrasés par la densité au sol.

Les nations envoyèrent de nouveaux colons qui déposèrent leurs bagages dans les parties aériennes de la planète, zone de confort pour leur degré vibratoire très éthéré. Marcher sur le sol demandait une condensation énergétique qu'ils n'avaient pas encore. Au départ, ils rebâtirent à l'identique selon ce qu'ils connaissaient.

Des formes de société virent le jour, des échanges timides s'organisèrent. Et l'oubli s'étendit de plus en plus, facilitant l'apport de la dualité. L'harmonie de la Lumière se teintait graduellement d'ombres, favorisées par l'essaimage d'émotions toujours plus fortes que les cristaux et les arbres recueillaient puis diffusaient dans la terre et les airs. A chaque naissance dans les villes aériennes, la vibration du nouvel arrivant s'alourdissait, le rapprochant du sol inexorablement. Au fil du temps, les zones d'habitation et d'échanges se construisirent à même la surface. La Lémurie terrienne prenait place.

L'astral commença également à prendre forme, à se densifier. Son rôle était de devenir une barrière éthérique infranchissable entre les autochtones de la planète et l'espace pour laisser le temps aux joueurs terrestres de s'immerger dans la Séparation et l'Oubli, sans influences extérieures autres que le jeu le demandait. Pour cela, l'astral avait besoin de protecteurs. Ainsi apparurent les égrégores et les « démons ». Créés et nourris par les émotions des habitants de la planète, ils s'attachèrent à répondre à leurs missions. Tout être cherchant à revenir à son essence était soumis à des tests initiatiques. Tant qu'un lien était maintenu avec l'astral (peur, souffrance), il replongeait dans le jeu du karma terrestre et restait coupé de sa Conscience. Ainsi, en un cercle parfait, chacun alimentait l'autre : les êtres expérimentaient des émotions en faisant appel à des contrats de tout milieu (familial, amical, professionnel, sociétaire), appuyés par l'astral qui s'en nourrissait et en renforçait l'effet. Le Bien et le Mal commençaient à diviser les factions, aidés en cela par les animaux qui prirent très au sérieux leur rôle de prédateurs, prenant un véritable plaisir à stimuler les compétences de survie de leurs proies.

Les gènes des Lémuriens s'adaptaient à leurs nouvelles conditions de vie. L'Intention ne suffisait plus à créer dans la matière, il leur fallait faire appel à une volonté affirmée. Bientôt, en parcourant les mémoires, ils prirent conscience qu'ils perdaient leur faculté à se connecter à leurs compétences psychiques. Ils décidèrent donc de développer deux courants. Le premier favorisait les aptitudes technologiques pour déléguer à des machines ce qui devenait difficile de réaliser par eux-mêmes. De matière orpheline dans leur choix d'apprentissage, elle devint par la suite prisée par le nombre, formant les techniciens et ingénieurs. Le second préservait l'histoire de leurs origines en faisant appel à une centaine d'habitants, les gardiens de la mémoire, qui consignaient tout événement ou découverte de leur peuple. Ils maintenaient également le lien avec les familles stellaires, et conseillaient lorsqu'ils étaient sollicités. Ils prirent le nom de Conseil des Sages.

Au cours des millénaires qui suivirent, ils connurent plusieurs catastrophes naturelles qui favorisèrent la perte d'identité culturelle et sociétaire de chacun. Les deux factions s'opposaient sur tout, arguant de l'importance de leur rôle dans la société, et peu conservait encore l'intérêt pour le collectif. L'arrivée d'une nouvelle météorite (en accord avec Gaïa) vint clôturer la période lémurienne.

Plusieurs familles de Lémuriens connaissaient l'existence de villes intraterrestres datant de la guerre avec les Reptiliens et leurs moyens d'accès. Quand l'émergence de la catastrophe devint inéluctable, elles s'y réfugièrent. Mais elles ne furent pas les seules à survivre. Car le Plan visait l'essor des populations autochtones (minérales, végétales, animales, humaines et éthériques). Aussi beaucoup furent mis à l'abri par des vaisseaux galactiques, puis installés dans des cavités terrestres protégées des rayonnements et chaleurs intenses qui parcouraient la surface par un champ électromagnétique. Pour accélérer le retour à des conditions favorables de vie, les pyramides émirent avec succès des vibrations de pacification et de stabilisation.

Les rescapés lémuriens de la planète durent tout reconstruire. Ce fut le début de l'ère des Atlantes. Avec l'aide de leurs frères stellaires, ils retrouvèrent rapidement leurs habitudes, mais restaient traumatisés. Quelques-uns demandèrent à rentrer sur leur planète d'origine, ce qui leur fut accordé. D'autres repartirent dans les villes enterrées.
Les autochtones survivants préférèrent s'éloigner géographiquement des Atlantes. Ils conservaient en

mémoire les abus de leurs prédécesseurs et leurs pouvoirs dévastateurs, et étaient bien décidés à rester libres et indépendants. Ils profitèrent des vaisseaux des galactiques pour s'établir sur des îles lointaines et des continents opposés, où ils se développèrent pour la plupart en autarcie.

Au fil des siècles, le rayonnement spirituel des descendants atlantes s'accrut par leur volonté de ne plus faire les mêmes erreurs que leurs aînés lémuriens. De nouveau, ils s'appuyèrent sur le respect de la vie, valorisant la syntonie entre les mondes parallèles et dimensionnels. Plusieurs générations reconstituèrent le patrimoine de leurs lignées en s'appuyant sur les témoignages et les artefacts que leurs ancêtres avaient soigneusement préservés. Mais la dualité se chargea d'altérer leur transparence. Tout comme pour les Lémuriens, plusieurs civilisations atlantes échelonnèrent la perte graduelle de leurs capacités spirituelles, les amenant à s'approprier et exploiter les ressources pour se nourrir et se protéger, aux dépens des tribus humaines. Plus grands, se déplaçant dans les airs et armés, ils soumirent les peuples autochtones de la planète pour les servir.

Et le schéma se répéta : au sein même de leur société, un désaccord s'intensifiait entre les

« technologiques » et les « sages ». Les uns prônaient la supériorité de leur race sur le reste de la planète, multipliaient les expériences de mutation génétique et créaient de nouvelles espèces dans le but d'obtenir des esclaves dociles et performants. Les autres rappelaient que l'égalité était pour tous, mais se perdaient dans des discussions pour déterminer s'ils devaient sortir ou pas de leur politique de non-ingérence. Une guerre de pouvoir divisait les atlantes, établissant une scission définitive entre les deux communautés. Le rang des pro-« sages » se clairsemait irrémédiablement devant la réalité de leur dépendance en ressources. Ils ne pouvaient plus se passer de serviteurs ou d'esclaves.

Profitant de sa popularité, un leader pro-technologique se fit remettre tous les pouvoirs, y compris l'accès aux connaissances des « Sages ». Il découvrit que les Lémuriens avaient complété la lune (à l'époque toujours à moitié formée) artificiellement pour en faire une base de décollage et d'atterrissage pour les vaisseaux. En empruntant un couloir plasmique, ils se téléportaient de la terre à la lune dans une station bâtie en forme d'étoile, s'enfonçant sur plusieurs niveaux. Au terme d'une longue exploration, les techniciens décelèrent qu'elle contenait un générateur de tachyons. L'abondance illimitée était à leur portée. Le nouveau chef atlante décida de dupliquer le dispositif sur terre, afin de l'avoir à sa disposition. Il fallut de nombreuses années aux techniciens pour saisir son fonctionnement et ses composants, et autant pour le reconstituer au sol. Plusieurs tests démontrèrent une instabilité dans le contrôle des tachyons, inquiétudes qui furent étouffées par le leader atlante. Il promettait depuis longtemps la prospérité et la suprématie de leur civilisation grâce à la nouvelle machine, et le peuple doutait de plus en plus de la réussite de son projet. Des manifestants de tout ordre remettaient en cause sa politique, y compris les « machines » (esclaves-mutants) qui revendiquaient le droit de posséder une âme et donc de devenir des citoyens libres. Pour apaiser les tensions, il ordonna l'activation du générateur atlante en un délai très court. Les techniciens et ingénieurs qui étaient conscients du danger en firent part à leurs proches. Ceux qui comprirent commencèrent à préparer leur départ. Mais nul ne s'affola car la plupart croyait avoir le temps d'agir. La catastrophe se produisit plus tôt que prévu. Exaspéré par les protestations de ses concitoyens et les attaques de ses détracteurs, le leader atlante convoqua en pleine nuit les personnes en charge du générateur et leur assigna une mise en route pour la fin de la matinée. Surveillés, aucun ne put prévenir qui que ce soit. Ce ne fut que lorsque l'activation fut faite qu'ils coururent avertir et s'enfuirent de la cité. Soumise à une puissance incontrôlable, la machine se plaça au-dessus de la ville et partit dans une implosion destructrice qui émit un souffle supra-radioactif. La charge s'étendit sur la planète avec plus ou moins de rayonnement mortel. Les Atlantes en fuite qui en réchappèrent subirent des lésions irréversibles et emmagasinèrent un traumatisme qui amena certains jusqu'à la folie.

Les habitants de la planète durent une nouvelle fois s'adapter à des conditions difficiles. Les Atlantes partirent dans toutes les directions et sollicitèrent l'aide de leurs anciens serviteurs pour les recueillir. Certains y virent l'opportunité d'obtenir des savoirs scientifiques ou une puissance guerrière inaccessibles jusque-là, et les négocièrent en échange de leur protection. D'autres exterminèrent ces géants, cause de bien des tourments.

Après plusieurs centaines d'années, des voyageurs stellaires firent escale sur Terre. Par compassion devant la souffrance de ces frères et sœurs, ils proposèrent de les ramener avec eux. Avec reconnaissance, une majorité accepta. Un petit nombre qui s'était fait une place dans la société des autochtones, souvent sous le titre de dieu ou déesse, préféra conserver son statut : certains par vanité, d'autres par fraternité sincère. Au contact de ces êtres mésestimés auparavant, quelques « dieux » avaient appris à les respecter et leur enseignaient leurs connaissances sur l'univers. Tous furent avertis qu'ils devraient à terme disparaître de la société des hommes et rejoindre l'intraterre pour que l'ancien esclave reprenne les clés de son destin. Lorsque le moment vint, le refus de certains « dieux » à libérer les peuples de leur emprise amena des combats entre factions. Avec l'aide des Conseils galactiques, les réfractaires furent capturés puis envoyés auprès de leurs nations stellaires pour y être jugés.

Souvenirs quantiques

3. En route vers l'Ascension

Les années s'écoulèrent, les dieux partis devinrent des légendes, des mythes, des paraboles religieuses. La planète s'attachait à consolider les grilles qui maintenaient le couvercle astral. La Lumière avait ensemencé les multiples couches de la planète pendant des millénaires, l'Ombre prenait sa place en favorisant l'urgence et la survie. L'astral était maintenant un espace très peuplé, et le besoin d'un coordinateur se faisait ressentir pour diriger les efforts selon le Plan initial. Conscient de la responsabilité d'une telle tâche et de l'apparence qu'il devrait prendre, un être empli d'Amour proposa ses services, Lucifer. Il serait ce canalisateur du « Mal », dirigeant ses cohortes avec adresse et soucieux de maintenir la frontière entre les pôles tant qu'il le faudrait.

Sous ses ordres, les êtres de l'Ombre amplifièrent leur impact sur terre. La recherche du pouvoir devenait la condition pour une vie longue et confortable, facilitée par les contrats passés auprès des serviteurs du « Mal ». Il était temps de basculer vers les pulsions et les passions de toutes sortes et de rompre le contact avec la Nature pacifiante. La religion fut la solution idéale pour détourner les personnes du panthéisme. Les guerres de territoire facilitèrent l'implantation de religions polythéistes, écrasant les anciens cultes et reprenant à leur compte les lieux sacrés. Et la peur éloigna définitivement les masses de la Lumière. Les notions de paradis et d'enfers, s'appuyant sur les souvenirs enfouis des traumatismes passés, imposèrent des principes et des lois qui étouffaient le libre-arbitre et l'insouciance. Tout être qui s'incarnait était pris en charge par les règles limitantes de sa société, l'aidant à s'impliquer dans la dualité en étouffant la voix de son cœur. L'illusion de la Séparation était parfaite. Quelques nations stellaires continuaient à s'approcher des terrestres selon une stratégie bien établie par les Conseils galactiques et cosmiques. Chaque pôle renforçait les croyances culturelles et archétypales dans le Bien et le Mal, l'un utilisant la terreur pour que l'autre devienne le salut. Les contrats se multipliaient entre terrestres et stellaires, avec des épisodes d'enlèvement et de sauvetage. Les miracles et les désespoirs remplissaient les histoires contées au coin du feu sur tous les continents. En parfaite synchronicité, des individus (messies, prophètes, saints, etc.) plaçaient des graines d'éveil dans les champs quantiques de la planète, clés qui s'activeraient des milliers d'années plus tard. S'appuyant sur ces semeurs d'espoir, le monothéisme se répandait pour regrouper les cultures, générer un sentiment d'appartenance sécuritaire et focaliser les intentions vers un objectif commun. Pour éviter la perdition et le déclenchement inopiné de ces clés, elles furent codifiées et noyées dans de nombreux textes laissés volontairement à la portée de tous (mythologies, Bible, Coran ...).

Pour beaucoup, la vision du monde se réduisait au territoire possédé et aux punitions célestes. Les différences devenaient faiblesses ou traîtrise sous la domination des dogmes religieux. Les pulsions les plus profondes pouvaient se révéler au grand jour sous l'étendard d'une mission. La dualité s'épanouissait sur la planète dans toutes les couches dimensionnelles : tuer ou être tué, dominer ou servir. Le karma des âmes se remplissait à chaque émanation, se nourrissant d'incompréhensions ou de joies, expérimentant tour à tour le cercle victime-bourreau-sauveur grâce aux grilles à leur disposition.

Sous l'impulsion de Gaïa, l'intégralité des couches dimensionnelles de la planète fut entendue sur la suite du Plan. A l'unanimité, le mouvement vers l'ascension fut voté. Le XIVème siècle entama ce retour dans les consciences en permettant les sauts quantiques vers une grille autorisant l'Unité. Progressivement des touches de lumière apparurent dans les sociétés et s'affirmèrent, ramenant la notion du Beau et du Bien au cœur des familles dirigeantes. Les guerres, les épidémies, les famines, participaient à remettre en cause les fondements sociaux sclérosants. Les esprits commençaient à s'ouvrir au monde, forcés de chercher ailleurs les solutions à leurs manques ou leurs frustrations. Les cultures en vase-clos se disloquaient sous la vague d'envahisseurs de tous types, tandis que les vainqueurs laissaient infiltrer de nouveaux courants de pensées dans une tentative d'assimilation. Un brassage permanent secouait les repères politiques, économiques, sociaux et culturels au niveau planétaire. Le fanatisme religieux et les superstitions s'amenuisaient sur les bancs de l'éducation où la raison devenait source de prospérité. L'individualité n'ayant de sens que dans le service rendu à la société, chacun se devait de donner le meilleur de lui-même pour faire prospérer sa nation. Les sciences promettaient la solution à tous les questionnements grâce à la logique et les faits, les émotions étant moquées ou rejetées dans le domaine de la maladie.

Le monde devait devenir une certitude immuable, fonctionnant sur des cycles prévisibles. Les modèles fleurissaient partout, étiquettes grégaires rassurantes. Même les vents de contestations trouvaient une bannière de groupe. Le sentiment d'appartenance à une famille, quelle qu'elle soit, réconfortait les êtres dans un monde égotique. La technologie s'insérait parfaitement dans le mouvement, en codifiant et révélant le visible et l'invisible, érigeant des théories en vérités permanentes. Le progrès améliorait les conditions de vie et réduisait les distances entre les hommes. Le savoir devenait le pouvoir. Et Dieu devenait un principe d'obscurantisme, l'homme s'érigeant en tant que maître incontesté de la terre.

Le XXème siècle permit d'expérimenter toutes les illusions de domination et de soumission jusqu'à saturation. Nul ne pouvait plus échapper à l'information de masse, ouvrant les yeux sur un monde à grande échelle, et en ressentant quasi-immédiatement les effets dans son quotidien. Les moyens de communication ne cessaient d'élargir les possibles, et le microcosme se dévoilait dans le macrocosme. Là où des certitudes cloisonnaient les esprits, les questionnements réouvraient la porte à la spiritualité. Une vague existentialiste encore timide s'insinuait dans la mouvance de la raison, les contes et légendes retrouvant des lecteurs en mal de magie et d'émerveillement.

Et Gaïa accéléra son mouvement de transformation. Les champs minéraux, végétaux et animaux furent les premiers à répercuter physiquement les adaptations du climat et des forces telluriques. Des flux migratoires, la disparition d'espèces et le transfert des ressources en furent les signes visibles pour les hommes. Au niveau invisible, bien des éléments choisirent d'évoluer sur d'autres plans et donc de disparaître de la 3ème dimension. Face à ces effets incontrôlables et imprévisibles, les consciences s'éveillaient sur l'interaction de l'individu dans le collectif. L'effet Papillon prit son envol dans les explications scientifiques, et l'intérêt de prendre soin de la terre élargit son cercle d'adeptes. L'ésotérisme redevint sujet de discussion, la spiritualité une voie de connaissance. De plus en plus d'êtres « éveillés » s'incarnèrent, allumant de plus en plus de points de repère pour les personnes en cheminement. Progressivement, les plans terrestres furent déconsolidés des grilles comportementales de l'Ombre, permettant les remises en cause des schémas établis par le passé. Les individus ne se satisfaisaient plus d'avoir, ils aspiraient à Être.

Jusqu'au début du XXème siècle, le karma continuait à engranger son lot d'expériences. A partir des années 1940 (environ), il fut clos, nul n'ajoutait plus son lot à la somme des leçons. Quiconque s'incarnait portait en lui la potentialité d'activer la pacification des mémoires-souffrances de ses vies simultanées, quitte à plonger au plus profond de ses cauchemars. Le libre-arbitre s'étoffait timidement au sein de la société, préparant l'essor de la Conscience dans tous les domaines. Des points de Lumière s'étendaient au fil des années, phares rassurants pour les nouveaux éveillés qui se posaient en exemple pour les hésitants. En harmonie avec les changements énergétiques de la planète, les sociétés humaines jouaient leur rôle de miroir extérieur à l'individu en quête de sa Source, chacun étant poussé à regarder en lui pour exprimer le meilleur. La frustration, la déception et l'injustice s'imposèrent comme générateurs du Changement. Vivre sans Être devenait insupportable. Les supports de retournement de conscience se multipliaient, tant dans les moyens terrestres que dans la géométrie sacrée de Gaïa. Ce qui a été séparé se reconnectait à l'ensemble.

Où en sommes-nous aujourd'hui ? Le temps de la Transition s'achève, est déjà achevé. Nous étions des élèves sur une planète-école, nous recevons l'un après l'autre notre diplôme de maîtrise en la matière. Nous avons tous retrouvé notre souveraineté, même si nous l'oublions encore, et nos choix manifestent Qui Nous Sommes avec nos blocages et nos libertés, notre paix et nos tourments. Nous suivons le rythme de l'ascension de la planète, partageant notre retour à notre Unité et acceptant de nous aimer dans toutes nos facettes, en un Centre qui aime inconditionnellement ses pôles Ombre et Lumière. Nous créons notre vie à chaque pas, accompagnés de nombreux êtres multidimensionnels, et surtout dans la présence de notre Être. Nous accueillons en nous la plus belle vision de nous-mêmes pour la déverser là où nous sommes.

Où se passera l'Ascension tant espérée ? Ici, sur cette planète. Ce ne sera pas pour tout de suite car tant qu'il restera une personne à expérimenter le cercle victime-bourreau-sauveur, l'humanité que nous sommes attendra. Par Amour, uniquement par amour, parce que nous ressentons profondément que nous ne formons qu'un seul individu, et que nous ne pouvons laisser derrière nous une partie en souffrance. Mais nous pouvons être sûrs que tout est parfaitement planifié et adapté en permanence par un Être dont l'Amour pour nous est inconditionnel : Gaïa. Aussi nous n'avons qu'à lâcher-prise, et nous laisser porter par notre cœur. Nous pouvons avoir confiance, tout est déjà réalisé. En posant notre attention sur l'individu que nous sommes, nous servons l'univers entier.

Si vous désirez aller plus loin, lire les messages du collectif Miriadan :

http://groupemiriadan.blogspot.fr/

Pour me retrouver, suivre mon actualité :

https://www.magalimagdara.fr

Souvenirs quantiques

www.ingramcontent.com/pod-product-compliance
Lightning Source LLC
LaVergne TN
LVHW051451080426
835509LV00017B/1736